Definitionenkalender und
Rechtsprechungsübersichten

Herausgeber:
Prof. Dr. Hans-Dieter Schwind
Dr. jur, Dr. jur h.c. Helwig Hassenpflug

StGB Allgemeiner Teil

Klausurenhilfe

Eine kurze übersichtliche Darstellung an Hand von
Schemata und grundlegenden Entscheidungen des
Bundesgerichtshofes

von
Hans-Dieter Schwind,
Helwig Hassenpflug

23., völlig neu bearbeitete Auflage

Ewald von Kleist Verlag

Ewald v. Kleist Verlag
ISBN-10:   3-87440-212-6
ISBN-13: 978-3-87440-212-5
www.kleist-verlag.de
© 2007 Ewald von Kleist Verlag
Gestaltung: Andre Illing, Rostock
Druck & Verarbeitung: Druck und Service GmbH, Neubrandenburg

Vorwort

44 Jahre nach seinem ersten Erscheinen geht dieser Band in die 23. Auflage. Damals (1962) entdeckten zwei Referendare eine Lücke im Schrifttum: Es fehlte an einer Darstellung, deren Anliegen darin bestand, den Anfänger in einer bewusst verkürzten (vereinfachten) Form über Probleme des AT zu informieren mit dem Ziel, ihm einen raschen Überblick zu verschaffen. Das Ziel ist geblieben, die Bearbeiter auch. Daß sich der Band so lange auf dem Markt behaupten konnte, zeigt, dass er trotz der Fülle an strafrechtlicher Einführungsliteratur nach wie vor eine Lücke füllt.

Die Besonderheit dieses Bandes besteht aber auch darin, dass sich die Darstellung (auf dem exemplarischen Wege) an der BGH-Rechtsprechung orientiert. Diese wurde in der Neuauflage wieder auf den neuesten Stand gebracht. Zahlreiche Beispiele sollen den Zugang erleichtern.

Seine sinnvolle Ergänzung findet der Band in den Werken „Strafrecht leicht gemacht" und „Klausurenschreiben leicht gemacht" aus dem selben Verlag.

Die neue Aufmachung zeigt, dass der Verlag neue Wege geht: Der Käufer wird eher aufmerksam auf ein Buch, wenn es in ansprechender Weise präsentiert wird.

Die Bearbeiter hoffen, dass der Band weiterhin Anklang findet.

Die Verfasser

Schemata (S) und Übersichten (Ü)

S 1	Das vollendete vorsätzliche Begehungsdelikt	8
S 2	Das versuchte vorsätzliche Begehungsdelikt	11
S 3	Das fahrlässige Begehungsdelikt	12
S 4	Das vorsätzliche unechte Unterlassungsdelikt	13
S 5	Das vorsätzliche echte Unterlassungsdelikt	15
Ü 1	Notwehr und Notstandsarten - Synoptische Darstellung	37
Ü 2	Zum error in objecto vel in persona	46
Ü 3	Beispiele für die vier Grundformen des Irrtums	52
Ü 4	Irrtum über Rechtfertigungsgründe	55
Ü 5	Der Erlaubnistatbestandsirrtum	57
Ü 6	Verschiedene Fälle der Konkurrenzen	77
Ü 7	Täterschaft (§ 25) und Teilnahme (§§ 26, 27)	84
Ü 8	Antragsdelikt	98
Ü 9	Strafen	100

Inhaltsverzeichnis

Seite

Aufbauschemata für strafrechtliche Übungsarbeiten 7

1. Das vollendete vorsätzliche Begehungsdelikt 8
2. Das versuchte vorsätzliche Begehungsdelikt 11
3. Das fahrlässige Begehungsdelikt 12
4. Das vorsätzliche unechte Unterlassungsdelikt 13
5. Das vorsätzliche echte Unterlassungsdelikt 15

A. Die Handlung 16
 I. Aktives Tun 16
 II. Unterlassen 17

B. Formen von Straftaten 21

C. Die Aufbaustufen (am Beispiel des vollendeten vorsätzlichen Begehungsdelikts: vgl. Aufbauschema 1) 23
 I. Tatbestandsmäßigkeit 23
 II. Rechtswidrigkeit bzw. Rechtfertigungsgründe 25
 III. Schuld 38

D. Überblick über die Fälle des Irrtums 52
 I. Die vier Grundformen 52
 II. Irrtum über Rechtfertigungsgründe 55

E. Versuch (und Rücktritt vom Versuch) 59

F. Persönliche Strafaufhebungs- und Strafausschließungsgründe 72

G. Einheit und Mehrheit von Straftaten 73
 I. Handlungseinheit und Handlungsmehrheit 73
 II. Konkurrenzen 77
   1. Idealkonkurrenz 78
   2. Realkonkurrenz 80
   3. Gesetzeskonkurrenz 80

H. Täterschaft und Teilnahme 84
 I. Täterschaft 84
 II. Mittelbare Täterschaft 84
 III. Mittäterschaft 87
 IV. Nebentäterschaft 88
 V. Teilnahme (Anstiftung und Beihilfe) 89
 VI. Abgrenzung Mittäterschaft-Beihilfe 94
 VII. Sukzessive Beteiligungen 95

J. Bedingungen der Verfolgbarkeit: Der Strafantrag 97

K. Rechtsfolgen der Tat 99

Literatur- und Abkürzungsverzeichnis 102

Stichwortverzeichnis 105

Aufbauschemata

für strafrechtliche Übungsarbeiten (entsprechend der **kausalen Handlungslehre des BGH**):

> *Der Aufbau folgt der kausalen Handlungslehre.*
> *Folge: Vorsatz wird in der Schuldstation geprüft; nach der finalen Handlungslehre bei der Tatbestandsmäßigkeit (vgl. S. 53).*

Unter einer „Straftat" ist eine tatbestandsmäßige rechtswidrige und schuldhafte Handlung zu verstehen. Dementsprechend muß man bei der Falllösung nach folgenden Aufbaustufen vorgehen:

- I. Tatbestandsmäßigkeit,
- II. Rechtswidrigkeit und
- III. Schuld.

Zuvor ist jedoch zu klären, ob überhaupt eine „Handlung" vorliegt (vgl. S. 16).

Als Hauptformen der Handlung sind zu unterscheiden:

- das aktive Tun und
- das Unterlassen eines aktiven Tuns.

Beide Handlungsformen können vorsätzlich oder fahrlässig verübt werden.

Die Aufbaumuster für die Begehungs- und Unterlassungsdelikte sind nicht identisch. Deshalb werden zunächst die entsprechenden Schemata vorangestellt für:

- das vollendete vorsätzliche Begehungsdelikt (1),
- das versuchte vorsätzliche Begehungsdelikt (2),
- das fahrlässige Begehungsdelikt (3),
- das vorsätzliche unechte Unterlassungsdelikt (4) und
- das vorsätzliche echte Unterlassungsdelikt (5).

1. Das vollendete vorsätzliche Begehungsdelikt

Vorprüfung, ob überhaupt eine „Handlung" (S. 16) im strafrechtlichen Sinne vorliegt: das ist nicht der Fall bei bloßen Reflexbewegungen, Schreckreaktionen, Verhaltensweisen während der Bewußtlosigkeit oder solchen, die mit absoluter Gewalt erzwungen werden (nur dann schriftlich erörtern, wenn der Sachverhalt dazu - ausnahmsweise - Anlaß gibt).

I. **Tatbestandsmäßigkeit** (S. 23), d.h. Verwirklichung der

   1. **objektiven Tatbestandsmerkmale** (deskriptive, normative)
      a) tatbestandsmäßige Handlung
      b) Verletzungs- bzw. Gefährdungserfolg
      c) objektive täterschaftliche Merkmale (z.B. Amtsträgereigenschaft)
      d) Kausalität (Zurechnung)

   2. **subjektiven Tatbestandsmerkmale**
      a) Absichten: z.B. die Gesundheitsbeschädigungsabsicht in § 229
      b) Tendenzen: z.B. die Ausbeutung in § 131a
      c) Gesinnungsmerkmale: z.B. die Habgier in § 211

   3. **objektiven Bedingungen der Strafbarkeit**: auf diese braucht sich der Vorsatz nicht zu beziehen; ein Irrtum ist unbeachtlich: z.B. braucht sich der Vorsatz nicht auf den Rausch i. S. v. § 223 a zu beziehen, während dessen eine rechtswidrige Tat verübt wird (S. 24).

II. **Rechtswidrigkeit** (S. 25), d.h. das Fehlen von Rechtfertigungsgründen

   1. des StGB: §§ 32, 34, 193, 228
   2. des BGB: §§ 228, 904, 229 (561, 704, 859)
   3. der StPO: §§ 127, 112 ff, 94 ff
   4. Amtsrechte: z.B. nach ZPO, InsO, nach Polizeigesetzen
   5. Züchtigungsrecht
   6. nach der Rechtsprechung
      a) Dienstbefehl
      b) Einwilligung (erklärte und mutmaßliche)

III. **Schuld** (S. 38) setzt sich aus folgenden Elementen zusammen:

   1. Schuldfähigkeit: nur zu erläutern, wenn der Sachverhalt Anhaltspunkte gibt (z.B. bei jugendlichem Alter - § 19 StGB, § 3 JGG - oder bei Hinweis auf eine seelische Störung i.S. des § 20, z.B. Trunkenheit); hierher gehört auch die Problematik der actio libera in causa (S. 39)
   2. Vorsatz (dolus directus, dolus eventualis) in bezug auf die objektiven Tatbestandsmerkmale einschließlich des Kausalverlaufs bei Erfolgsdelikten.

Bei
- a) **Irrtum** über das Vorliegen eines objektiven Tatbestandsmerkmals
  (= der Täter hält objektives Tatbestandsmerkmal für nicht gegeben obwohl es vorliegt) = **Tatbestandsirrtum** (§ 16 Abs. 1); hier entfällt Vorsatz; falls ein Fahrlässigkeitstatbestand vorhanden ist, muß Fahrlässigkeitsprüfung (vgl. Schema 3) erfolgen, § 16 Abs. 1 Satz 2 (S. 52).
  Nimmt der Täter bei der Tat irrig Umstände an, die den Tatbestand eines milderen Gesetzes verwirklichen würden, so ist er gemäß § 16 Abs. 2 nach dem milderen Gesetz zu bestrafen.
- b) Zum Irrtum über das Handlungsobjekt (= **error in objecto** vel persona = Objektverwechslung, vgl. S. 44).
- c) Zum Fehlgehen der Tat (**aberratio ictus** = „danebengetroffen", vgl. S. 44).
3. **Unrechtsbewußtsein:** Dieses fehlt, wenn sich der Täter über das Verbotensein seiner Handlung irrt (Verbotsirrtum nach § 17) S. 47/52.
4. **Irrtum über Rechtfertigungsgründe** (S. 55):
  - a) über das Vorliegen der tatsächlichen Voraussetzungen eines anerkannten Rechtfertigungsgrundes („Erlaubnistatbestandsirrtum", Behandlung strittig).
  - b) über die rechtlichen Grenzen eines anerkannten Rechtfertigungsgrundes („Erlaubnisirrtum", Behandlung entspr. § 17).
5. **Schuldausschließungsgründe** (S. 50); Folge: Schuld entfällt §§ 33, 35. Zum Irrtum über Schuldausschließungsgründe § 35 Abs. 2.

IV. **Persönliche Strafausschließungsgründe** schließen die Strafbarkeit aus, obwohl eine tatbestandsmäßige, rechtswidrige, schuldhafte Handlung vorliegt: z.B. die Angehörigeneigenschaft in § 258 VI (S. 72).

V. **Persönliche Strafaufhebungsgründe:** Rücktritt vom Versuch, § 24 (S. 66).

VI. **Bedingung der Verfolgbarkeit:** der Strafantrag (S. 97).

VII. **Einheit und Mehrheit von Straftaten** (S. 73). Dafür ist zu prüfen, ob vorliegt

1. Handlungseinheit und Handlungsmehrheit
  - a) Handlung im natürlichen Sinne
  - b) „Natürliche" Handlungseinheit
  - c) Rechtliche Handlungseinheit

2. Konkurrenzen
  - a) Idealkonkurrenz (§ 52)
  - b) Realkonkurrenz (§ 53)
  - c) Gesetzeskonkurrenz (keine ausdrückliche Regelung im Gesetz).

VIII. **Bei mehreren Beteiligten** (S. 84) an einer Tat kommen in Frage

    1. Täterschaft (§ 25 Abs. 1 erste Alt.)
    2. Mittelbare Täterschaft (§ 25 Abs. 1, 2. Alt.)
    3. Mittäterschaft (§ 25 Abs. 2)
    4. Nebentäterschaft
    5. Teilnahme i. e. S.
       a) Anstiftung (§ 26)
       b) Beihilfe (§ 27)

IX. **Rechtsfolgen der Tat** (in der Übungsarbeit nicht zu erörtern, S. 99)

    1. Strafen
    2. Maßregeln der Besserung und Sicherung (§§ 61-72)

Aufbauschemata

2. Das versuchte vorsätzliche Begehungsdelikt

Vorprüfung
(1) Liegt überhaupt eine Handlung im strafrechtlichen Sinne vor? (wie bei Vorprüfung zu Schema l).
(2) Fehlen der Vollendung; kurze Feststellung, daß nicht alle objektiven Tatbestandsmerkmale erfüllt sind.
(3) Prüfen, ob der Versuch überhaupt mit Strafe bedroht ist (vgl. § 23 i.V. mit § 12, S. 60).

I. **Tatbestandsmäßigkeit** (S. 60), d.h. Verwirklichung von

1. Tatentschluß
  a) Vorsatz in Bezug auf sämtliche Merkmale des objektiven Tatbestandes des vollendeten Delikts,
  b) sonstige subjektive Tatbestandsmerkmale: wie bei Schema l, I, 2.
2. Gegebenenfalls: Feststellung, daß ein strafbarer untauglicher Versuch vorliegt.
3. Unmittelbares Ansetzen zur Tat: das objektive Unrechtselement liegt im „unmittelbaren Ansetzen zur Verwirklichung des Tatbestandes" (vgl. § 22). Abgrenzung zur (grundsätzlich) straflosen Vorbereitungshandlung: S. 61.

II. **Objektive Bedingungen der Strafbarkeit:** wie bei Schema l unter 1.3.

III. **Rechtswidrigkeit:** wie bei Schema l unter II.

IV. **Schuld:** wie bei Schema l unter III.

V. **Versuch „aus grobem Unverstand"** (vgl. § 23 Abs. 3)

Beachte; irreale („abergläubische") Versuche sind straflos. Dies ist gegebenenfalls festzustellen bei 1.1. a).

VI. **Persönliche Strafausschließungsgründe und persönliche Strafaufhebungsgründe** (S. 72/66)

1. persönliche Strafausschließungsgründe: wie bei Schema l unter IV
2. persönliche Strafaufhebungsgründe (wie bei Schema l unter V): Der Rücktritt vom Versuch = § 24
  a) der Rücktritt vom unbeendeten Versuch (§ 24 I, l, erste Alt.)
  b) der Rücktritt vom beendeten Versuch (§ 24 I, l, zweite Alt.)

Beachte: bei mehreren Tatbeteiligten Rücktritt nach § 24 Abs. 2 (S. 70).

VII. **Einheit und Mehrheit von Straftaten:** wie bei Schema l unter VII.

VIII. **Mehrere Beteiligte:** wie bei Schema l unter VIII.

3. Das fahrlässige Begehungsdelikt

Zur Fahrlässigkeit vgl. S. 47
Vorprüfung: wie bei Schema 1.

I. Tatbestandsmäßigkeit
   1. **Objektive Tatbestandsmerkmale:** wie Schema 1 unter I. 1. a)-d).
   2. **Objektive Voraussehbarkeit** der Tatbestandsverwirklichung (einschließlich des Erfolges und des Kausalverlaufs)
   3. **Verletzung der objektiv gebotenen Sorgfaltspflicht**
   4. **Pflichtwidrigkeitszusammenhang:** Der Erfolg muß derart auf dem Pflichtverstoß beruhen, daß er bei pflichtgemäßem Handeln nicht eingetreten wäre (ältere Auffassung) bzw. Auswirkung einer durch die Handlung eingetretenen Risikoerhöhung ist (neuere Ansicht).

II. Rechtswidrigkeit (wie bei Schema 1 unter II):

   Auch bei Fahrlässigkeitstaten können Rechtfertigungsgründe in Betracht kommen: z.B. § 32 (Notwehr) oder § 34 (rechtfertigender Notstand).

III. Schuld
   1. Schuldfähigkeit: wie bei Schema 1 unter III. 1.
   2. „Spezielle" Schuldmerkmale: z.B. die Rücksichtslosigkeit beim Fahrverhalten (§ 315 c I 2).
   3. **Persönliche Vorwerfbarkeit der tatbestandsmäßig rechtswidrigen Handlung**
      a) **Subjektive Voraussehbarkeit** der Tatbestandsverwirklichung.
      b) Nichterfüllung der nach dem Tatbestand und den Umständen objektiv gebotenen Sorgfaltspflicht **trotz ausreichender persönlicher Fähigkeiten** zu sorgfältigem Handeln (subjektive Pflichtwidrigkeit).
      c) Das **Fehlen von Schuldausschließungsgründen:** wie bei Schema 1 unter III. 5.
   4. Unrechtsbewußtsein: wie bei Schema 1 unter III. 3.

IV. Persönliche Strafausschließungsgründe und persönliche Strafaufhebungsgründe
   1. Persönliche Strafausschließungsgründe: wie bei Schema 1 unter IV.
   2. Persönliche Strafaufhebungsgründe (wie bei Schema 1 unter V), z.B. § 164 II: rechtzeitige Berichtigung beim fahrlässigen Falscheid.

V. Einheit und Mehrheit von Straftaten: wie bei Schema 1 unter VII.

VI. Mehrere Beteiligte: wie bei Schema-1 unter VIII.

Aufbauschemata

4. Das vorsätzliche unechte Unterlassungsdelikt

(Gedankliche) Vorprüfung: (l) Stellt sich das Verhalten des Täters als ein positives Tun oder ein „Unterlassen" („negatives Tun") dar? (2) Kommt ein echtes oder ein unechtes Unterlassungsdelikt in Betracht? (§ 13 durchlesen!)

I. Tatbestandsmäßigkeit

1. **Der objektive Tatbestand:** Verwirklichung der objektiven TB-Merkmale durch Unterlassen (S. 17):
   a) Eintritt des tatbestandlichen Erfolges: z.B. Tod eines Menschen (§ 212)
   b) Nichtvornahme der in der konkreten Gefahrenlage erforderlichen Rettungshandlung (Feststellung der Unterlassung)
   c) Kausalität zwischen dem Unterlassen und dem durch Unterlassen herbeigeführten Erfolg (dem tatbestandsmäßigen Erfolg): hätte die erforderliche Handlung den Erfolg mit an Sicherheit grenzender Wahrscheinlichkeit abgewendet? (**hypothetische Kausalitätsprüfung**)
   d) Die Möglichkeit der Erfolgsabwendung durch den Täter.
   e) Garantenstellung des Unterlassenden (= tatsächliche Umstände, die eine Garanti**epflicht** begründen)
   Die **Garantenstellung** kann sich ergeben (vgl. S. 17)
      aa. aus besonderen Schutzpflichten für bestimmte Rechtsgüter
         - aus besonderen Rechtssätzen: z.B. aus § 353 (eheliche Lebensgemeinschaft); aus § 1626 (elterliche Sorge); aus § 1631 (Erziehungsrecht); aus § 1800 (Personensorge des Vormunds);
         - aus anderen Lebens- und Gefahrengemeinschaften: z.B. zwischen Bergsteigern oder Expeditionsteilnehmern;
         - durch Übernahme von Schutz- und Beistandspflichten: z.B. aus ärztlicher Behandlung, aus Vertrag bei Bademeister oder Babysitter.
      bb. aus Verantwortlichkeit für bestimmte Gefahrenquellen:
         - aus Verkehrssicherungspflicht: Hausbesitzer, Betriebsinhaber
         - aus der Pflicht zur Beaufsichtigung Dritter
         - aus einem pflichtwidrigen, gefährdenden Vorverhalten (Ingerenz)
   f) **Gleichwertigkeit** des Unterlassens im Vergleich zum positiven Tun (vgl. §13!).
2. **Der subjektive Tatbestand:** Verwirklichung der subjektiven Tatbestandsmerkmale (vgl. Schema l unter 1.2).

II. Rechtswidrigkeit

Die Rechtswidrigkeit wird durch die zu einem tatbestandsmäßigen Erfolg führende Unterlassung und die Garantenstellung des Unterlassenden indiziert; im übrigen wie bei Schema l unter II.

III. Schuld
   1. Schuldfähigkeit: wie bei Schema l unter III. l.
   2. **Vorsatz** bzgl. sämtlicher Merkmale des objektiven Tatbestandes: **der Irrtum über die tatsächlichen Voraussetzungen der Garantenstellung** ist daher Tatbestandsirrtum (§ 16 11).
   3. **Unrechtsbewußtsein** (wie Schema l unter III. 3) und Garantenpflichtbewußtsein.
   4. **Schuldausschließungsgründe** (wie Schema l, III. 5) hier zusätzlich zu prüfen: Unzumutbarkeit normgemäßen Verhaltens in besonderen Konfliktsituationen, z.B. das Unterlassen der Rettung des in das Wasser gefallenen Kindes wegen eigener Lebensgefahr.

IV.-VIII. wie bei Schema l.

Aufbauschemata

5. Das vorsätzliche echte Unterlassungsdelikt

(Gedankliche) Vorprüfung: wie bei Schema 4.

I. Tatbestandsmäßigkeit

   Objektiver Tatbestand
   a) Das Vorliegen der tatbestandsmäßigen Situation z.B. bei § 323 c der „Unglücksfall" sowie die Erforderlichkeit und Zumutbarkeit der Hilfeleistung.
   b) Die Nichtvornahme der gebotenen Handlung (zum Zweck der Schadensverhinderung): z.B. die Nichtanzeige einer nach § 138 anzeigepflichtigen Straftat.
   c) Die Möglichkeit der Erfolgsabwendung durch den Täter.

II. Rechtswidrigkeit: wie Schema I unter II.

III. Schuld

   1. Schuldfähigkeit: wie bei Schema I unter III. 1.
   2. „Spezielle" Schuldmerkmale: z.B. das Beharren auf der Nichtbefolgung eines Befehls (§ 20 I 2 WehrStrafG).
   3. Vorsatz bzgl. sämtlicher Merkmale des objektiven Tatbestandes.
   4. Das Bewußtsein der Handlungspflicht bzw. ein Gebotsirrtum (der nach § 17 zu behandeln ist).
   5. Schuldausschließungsgründe: z.B. Unterlassen der Anzeige einer nach § 138 anzeigepflichtigen Straftat ist unter den Gesichtspunkten des § 35 zu prüfen.

IV.-VIII. wie bei Schema I.

A. Zur „Handlung"

Handlung

Unter einer **Straftat** versteht das Strafrecht eine tatbestandsmäßige, rechtswidrige, schuldhafte **Handlung** und unter einer „Handlung" jedes vom Willen getragene menschliche **Verhalten** (vgl. auch S. 73).
Dieses Verhalten kann bestehen in einem aktiven Tun, d.h. in einem Eingreifen in die Außenwelt oder in einem Unterlassen eines aktiven Tuns.
Bloße „Reflexbewegungen (wie etwa Krampfanfälle, Bewegungen im Schlaf oder während der Bewußtlosigkeit) sowie rein instinktive, der Willensbeherrschung entzogene Schreckreaktionen sind deshalb keine Handlungen im strafrechtlichen Sinn" (Wessels-Beulke, 2005, 37 = Rdn. 95).

I.Tun

I. Aktives TUN

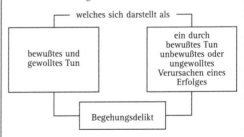

Mit Strafe bedroht ist ein Tun, wenn der Täter handelte, obwohl er nicht handeln durfte.

Handlung

II. Unterlassen	## II. UNTERLASSEN eines aktiven Tuns (Nichtvornahme einer Tätigkeit). Zu unterscheiden sind 
1. echte Unter- lassungsdelikte	= Unterlassung einer strafrechtlich gebotenen Tätigkeit als solcher, z.B. § 138: Nichtanzeige eines Verbrechens; § 323c: Unterlassene Hilfeleistung.
2. unechte Unter- lassungsdelikte (§13)	= solche Straftaten, „bei denen der Unterlassende als **Garant zur Erfolgsabwendung** verpflichtet ist und bei denen das Unterlasen wertungsmäßig der Verwirklichung des gesetzlichen Tatbestandes durch ein aktives Tun entspricht (§ 13)" (Wessels/Beulke 2005, 271 = Rn. 697 unter Hinweis auf **BGHSt GrS 16,155**).
a) besondere Rechtspflicht zum Handeln allg. Vorauss.	Die Rechtspflicht zum Handeln kann begründet sein
aa) durch Gesetz	aa) **durch GESETZ**: Das postive Recht - ein Gesetz - begründet ausdrücklich den Befehl zu einer Erfolgsabwendung; die wichtigsten Fälle dieser Art sind: – § 1353 BGB: die Verpflichtung der Ehegatten zur ehelichen Gemeinschaft, vgl. RGSt 48, 196; 58, 97; 58, 226. „(Eine Rechtspflicht besteht) namentlich für die eheliche Lebensgemeinschaft. Ehegatten sind einander zur ehelichen Gemeinschaft verpflichtet, § 1353 BGB. Dazu gehört in der Regel die Rechtspflicht, einander bei Lebensgefahr nach Kräften zu schützen und zu helfen, mindestens so lange, wie kein Teil das Recht zum Getrenntleben hat und beide Teile in Hausgemeinschaft leben ..." (**BGHSt 2,153**) „Die strafrechtliche Garantenpflicht unter Eheleuten endet, wenn sich ein Ehegatte vom anderen in der ersnthaften Absicht getrennt hat, die eheliche Lebensgemeinschaft nicht wieder herzustellen" (**BGHSt 48, 301**)

	– Fürsorgepflichten der Erziehungs- und Unterhaltsverpflichteten, §§ 1626 a, 1631, 1793 BGB. Vgl. **RGSt** 64, 316; 66, 71; 73, 374; **BGHSt** 6, 57: Pflicht für Kinder und Verwandte (z.B. der Großmutter gegenüber dem Enkel: **RGSt** 72, 373) zu sorgen begründet Gefahrabwendungspflicht; auch unter Geschwistern, zwischen Verlobten (**BGH** JR 55, 104; differenzierend **BGH** NStZ 04, 157).
bb) durch freiwillige Übernahme	bb) **durch freiwillige Übernahme,** welche sein kann – **vertraglich:** Dienstvertrag, der beinhalten kann eine Fürsorgepflicht für Kinder, Kranke o. dgl. RGSt 10, 100. **Aber Achtung:** entscheidend kommt es nicht auf die Wirksamkeit des Vertrags an, sondern auf die tatsächliche Schutzübernahme; – Ausfluß eines **besonderen Vertrauensverhältnisses:** z.B. zwischen Versicherer und Versicherungsnehmer (RGSt 64, 277), zwischen Bank und Kunden (RGSt 70, 45).
cc) durch Lebens- oder Gefahrengemeinschaft	cc) **durch Lebens- oder Gefahrengemeinschaft,** anerkannt seit RGSt 66, 71; 69, 321. Z.B. zählen hierzu grundsätzlich (BGH NStZ 04, 157) die Hausgemeinschaft: z.B. Fürsorge gegenüber der Hausgehilfin (RGSt 69, 321); zu den Grenzen vgl. BGH NJW 87, 850).
dd) durch vorangegangenes gefährdendes Tun („Ingerenz")	dd) **durch vorangegangenes gefährdendes Tun.** Eine Garantenstellung kann sich auch aus vorangegangenem Tun (**Ingerenz**) ergeben. *Beispiel:* „Wer die Gefahr für die Begehung einer Straftat schafft, ist verpflichtet, den aus dieser Lage drohenden Erfolg abzuwenden (Ausschank von Alkohol und Verhinderung des Führens eines Kfz), indem er den zu diesem hindrängenden Kräften entgegentritt; unterläßt er dies, so setzt er im Rechtssinne Erfolgsursachen ..." (**BGHSt** 4, 22). Weitere Rechtsprechung zur „Ingerenz": **BGH** NJW 77,204/205: „Wer sich auf **Einladung des Wohnungsinhabers** in eine fremde Wohnung begibt, darf sich darauf verlassen, daß ihm dieser - in seinem ‚Herrschaftsbereich' - bei schwerwiegenden Gefahren zur Seite steht. Das muß jedenfalls dann gelten, wenn dem Gast die Gefahren gerade durch seinen Aufenthalt in der Wohnung drohen, wenn also etwa - wie hier - die

Handlung

Bedrohung von einem anderen Gast ausgeht, den der Wohnungsinhaber selbst mit in die Wohnung gebracht hat. An den Wohnungsinhaber werden damit keine unzumutbaren Anforderungen gestellt.
Er ist aber nicht etwa verpflichtet, seine Gäste gegen schlechthin jede Straftat zu schützen, beispielsweise gegen geringfügige Beleidigungen oder kleine Betrügereien beim Kartenspiel. Jedenfalls aber muß er eingreifen, wenn die Grenze zur schweren Kriminalität überschritten wird, etwa in seiner Wohnung eine Frau vergewaltigt oder ein Gast getötet oder schwer verletzt zu werden droht. Dasselbe gilt, wenn der Gast beraubt wird oder das Opfer einer räuberischen Erpressung werden soll."

BGHSt 30, 395: "Eine allein aus der **Eigenschaft als Wohnungsinhaber** abgeleitete Garantenstellung wird auch in der Rechtslehre überwiegend abgelehnt (Jescheck, LK 10. Aufl. § 13, Rdn. 44; Stree in Schönke/Schröder, StGB, 20. Aufl. § 13 Rdn. 54; Tenckhoff JuS 78, 308; Hassemer, JuS 77, 266). Auch die Rechtsprechung hat den Inhaber einer Wohnung oder sonstiger Räume **nur dann** für in diesen Räumen begangene Rechtsgutsverletzungen strafrechtlich haftbar gemacht, wenn **besondere Umstände** hinzutreten, die eine Rechtspflicht zum Handeln begründen. **Solche Umstände** sind in der Stellung als Haushaltsvorstand gegenüber der Täterin einer Kindstötung (**RGSt 72, 373; OGHSt 27, 10**), in der Stellung als Ehemann einer Abtreiberin (**BGH GA 67, 115**), ferner in dem **Betreiben einer Gaststätte** (**RGSt 58, 299; BGH NJW 66, 1763**; abw. **BGH GA 71, 336**, wo in einem ähnlich gelagerten Fall nur auf den rechtlichen Gesichtspunkt der unterlassenen Hilfeleistung abgehoben wird) und, in dem Fall **BGHSt 27, 10**, in der Aufnahme des Opfers in den Schutzbereich der Wohnung gesehen worden."

BGHSt 26, 38: "Sozial übliches und von der Allgemeinheit gebilligtes Verhalten wie das **Ausschenken alkoholischer Getränke** in Gastwirtschaften löst im allgemeinen nicht die Verpflichtung des Wirtes aus, die dadurch mitgeschaffene Gefahr eines Schadens nach Kräften abzuwenden (BGHSt 19, 152, 154 ff; 25, 218, 221)....Dieses gilt indessen nur so lange, als der Gast, sei es auch nur eingeschränkt, rechtlich verantwortlich ist. Die **Grenze liegt da**, wo die Trunkenheit des Gastes offensichtlich, d.h. für den Gastwirt deutlich erkennbar, einen solche Grad erreicht hat, dass er nicht mehr Herr seiner Entschlüsse ist und nicht mehr eigenverantwortlich handeln kann (**BGHSt 19, 152, 155**)...In einem solchen Fall ist von einer **Garantenstellung des Gastwirts** auszugehen. Dem liegt der Gedanke zugrunde, dass das Verabreichen berauschender Getränke von dem Punkt an nicht mehr sozial üblich ist und von der Allgemeinheit gebilligt wird, an dem es zu einer solchen Trunkenheit führt, dass der Trunkene sich selbst und andere, z.B. andere Verkehrsteilnehmer gefährdet. Dann ist der Gastwirt rechtlich verpflichtet, **die von dem Betrunkenen ausgehende Gefahr** für diesen selbst und für Dritte nach Kräften abzuwenden."

b) Möglichkeit der Erfolgsabwendung

Psychisch-reale **Möglichkeit der Erfolgsabwendung** für den Täter.

c) Gleichwertigkeitsklausel

Das Unterlassen einer möglichen Erfolgsabwendung ist nur dann als eine mögliche Tatbestandsverwirklichung durch Tun strafbar, wenn
- der Unterlassende „rechtlich dafür einzustehen hat" (durch eine **Garantenstellung**) und
- „das Unterlassen der Verwirklichung des gesetzlichen Tatbestandes **durch ein Tun entspricht**"

Das zweite „Gleichstellungserfordernis ist (allerdings) wegen seiner fehlenden gesetzlichen Bestimmtheit in seiner Bedeutung noch nicht zufriedenstellend geklärt" (Kühl, AT 2002, 734). Die BGH-Rechtsprechung nimmt jedenfalls auf die **Gleichwertigkeitsklausel** nur selten Bezug. Im Schrifttum (z.B. Roxin AT Bd. 2, 2003, 794) wird auf folgende Ausnahme hingewiesen:

> Im Fall **BGH NJW 95, 3194** hatte der Lebensgefährte der Angeklagten deren Kind durch Misshandlungen so schwer verletzt, dass es an den Folgen seiner Tat starb. Die Angeklagte (mit Garantenstellung dem Kind gegenüber) hatte es unterlassen, ärztliche Hilfe zu holen, durch die der Tod ihres Kindes noch hätte abgewendet werden können. Der BGH hat sie wegen fahrlässiger Tötung (§ 222) verurteilt, also nicht wegen Körperverletzung mit Todesfolge durch Unterlassen (§227), und zwar mit der Begründung, dass das Unterlassen der Beseitigung der Todesgefahr deren aktiver Herbeiführung in ihrem Unrechtsgehalt nicht gleichgestellt werden könne: es also dieser nicht „entspreche".

d) Unterlassungsvorsatz

Vorsätzliches Unterlassen ist die Entscheidung zwischen Untätigbleiben und möglichem Tun zugunsten des Untätigbleibens (BGHSt 19, 299). Dieser Vorsatz muß sich auf die Gesamtheit der objektiven TB-Merkmale unter Einschluß der eine Garantenstellung begründenden Umstände beziehen (vgl. BGH MDR 84, 795).

Straftatsformen

B. Formen von Straftaten

Je nach Art des Verhaltens sind zu unterscheiden als Formen der Straftaten (nach Tröndle/Fischer vor § 13 Rn. 12, 13, 23):

1. Begehungsdelikte	Solche, deren Tatbestand ein aktives Tun beschreibt, wie z.B. Diebstahl (§ 242).
2. Unterlassungsdelikte	Solche, deren Tatbestand das Unterlassen einer rechtlich gebotenen Handlung beschreibt, z.B. das Unterlassen einer Anzeige (§ 138) oder die Hilfeleistung bei Unglücksfällen (§ 323 c). Diese Straftaten bezeichnet man als echte Unterlassungsdelikte; zu den unechten vgl. S. 19.
3. Tätigkeitsdelikte	Solche, deren Tatbestand ein schlichtes aktives Tun beschreibt, zu dem ein über dieses Tun hinausgehender Erfolg nicht hinzuzutreten braucht, z.B. die Beteiligung am Glücksspiel (§ 285).
4. Erfolgsdelikte	Solche, deren Tatbestand ein Tun beschreibt, das einen bestimmten Erfolg auslöst, der noch nicht in der Handlung selbst eingeschlossen ist, z.B. Totschlag (§ 212).
5. Erfolgsqualifizierte Delikte	Sondergruppe der Erfolgsdelikte, bei denen das Gesetz eine Strafschärfung für den Fall vorsieht, daß zumindest fahrlässig (§ 18) eine besondere Folge der Tat herbeigeführt wird, etwa der Tod des Verletzten: z.B. in § 221 Abs. 3, § 226 Abs. l.
6. Verletzungsdelikte	Solche, zu deren Tatbestand der Eintritt eines Schadens gehört, z.B. § 303.
7. Gefährdungsdelikte	a) Konkrete: der Tatbestand beschreibt eine Handlung, die eine Gefahr für Menschen oder Sachen auslöst (z.B. §§ 109 e, 315 a StGB); die Gefahr ist schon ein Erfolg der Tat. b) Abstrakte: nicht verlangt der Tatbestand den Eintritt einer Gefahr, sondern ein bloßes Tun, das leicht eine konkrete Gefahr auslösen kann (z.B. § 316).
8. Eigenhändige Delikte	Täter ist nur der, der die tatbestandsmäßige Handlung selbst voll verwirklicht (z.B. Meineid, vgl. § 154).
9. Sonderdelikte	Der Täter muß bestimmte Merkmale erfüllen, um als Täter in Frage zu kommen, z.B. bei Beamtendelikten muß er Beamter sein (vgl. z.B. § 331).

10. Zustands- delikte	Der Tatbestand wird verwirklicht durch das Begründen eines rechtswidrigen Zustandes, (z.B. Bigamie, § 172 StGB ist voll- und beendet mit der zweiten Eheschließung).
11. Dauerdelikte	Nicht nur die Begründung eines Zustandes, sondern auch dessen Fortdauernlassen verwirklicht den Tatbestand ununterbrochen weiter, z.B. Freiheitsberaubung, § 239 StGB: das Delikt ist vollendet mit dem Einsperren, beendet erst mit der Freilassung, so daß bis dahin noch Teilnahme möglich ist.

Aufbaustufen

C. Die Aufbaustufen

(am Beispiel des vollendeten vorsätzlichen Begehungsdelikts: vgl. Aufbaumuster l, S. 8)

I. Tatbestandsmäßigkeit

Begriff

d.h. der Täter erfüllt einen Tatbestand; sein konkretes Verhalten deckt sich mit der - im Gesetz festgelegten - abstrakten Beschreibung strafrechtlich wesentlicher Handlungsweisen.

Tatbestandsmerkmale

Jeder Tatbestand setzt sich zusammen aus einzelnen **Tatbestandsmerkmalen**. Diese können sein:

1. Äußere

1. äußere (objektive) Tatbestandsmerkmale

   a) **deskriptive**: das sind solche tatsächlicher beschreibender Art (**BGHSt 3, 255**), die der sinnlichen Wahrnehmung unterliegen (z.B. töten in § 211, wegnehmen in § 242 StGB)

   b) **normative**: das sind solche, die nicht tatsächlicher beschreibender Art, sondern rechtlicher und daher wertender Art sind (**BGHSt 3, 255**): z.B. „fremde" Sache in § 242 StGB.

2. Innere

2. innere (subjektive) Tatbestandsmerkmale

   Hierher kann die in verschiedenen Tatbeständen erforderliche **Absicht** zählen:
   Der Ausdruck „Absicht" oder die gleichbedeutende Wendung „ um zu" oder „zur" haben **verschiedene Bedeutungen**, die in jedem Fall durch Auslegung zu ermitteln sind (**BGHSt 16, 3; 41, 358**). So wird unter Absicht verstanden

   a) direkter Vorsatz: die „Absicht als Vorsatzform, die durch ein besonders intensives Wollen gekennzeichnet ist... Der Verletzungswille des Täters ist (in diesem Fall) unproblematisch" (Kühl, AT, 2002, 95).

   Beispiel: § 267 „**zur** Täuschung im Rechtsverkehr" = Täuschungsabsicht.

   b) Ein neben dem Vorsatz stehendes sonstiges subjektives Tatbestandmerkmal

Beispiele: die **Zuweisungsabsicht** beim Diebstahl (§ 242) oder die **Bereicherungsabsicht** bei der Erpressung (§ 253)

Anmerkung: Beim Aufbau nach der kausalen Handlungslehre, der dieser Leitfaden folgt, ist der direkte Vorsatz erst in der Schuldstation zu prüfen (vgl. S. 40)

Objektive Bedingungen der Strafbarkeit

Bei einigen Tatbeständen müssen zusätzlich zur Tatbestandsmäßigkeit, Rechtswidrigkeit und Schuld noch **(objektive) Bedingungen der Strafbarkeit** gegeben sein, auf die sich der Tatbestandsvorsatz (vgl. S. 40) nicht zu erstrecken braucht, damit eine strafbare Handlung vorliegt.

Objektive Bedingungen der Strafbarkeit sind z.B.

a) die Rechtmäßigkeit der Amtsausübung in § 113 StGB (so **BGHSt** 4, 161)

b) die Begehung einer rechtswidrigen Tat im Vollrausch in § 323 a (so **BGHSt** 6, 89; 16, 124; 20, 284): vgl. aber S. 39 (actio libera in causa).

3. Zurechnung des Erfolgs (Kausalität)

Erfolgsdelikte werfen im Rahmen der Tatbestandsmäßigkeit das **Problem des Kausalverlaufes (Ursachenverlauf)** auf, d.h. die Frage, ob eine Handlung (Tun oder Unterlassen) URSACHE eines Erfolges gewesen ist.

a) Äquivalenztheorie

Der BGH folgt hier der BEDINGUNGSTHEORIE (Äquivalenztheorie, d.h. Gleichwertigkeit aller Bedingungen):
„Ursache eines strafrechtlich bedeutsamen Erfolges ist jede Bedingung, die nicht hinweggedacht werden kann, ohne daß der Erfolg entfiele" (**BGHSt** 1, 333). Der BGH aaO lehnt die **Adäquanztheorie** (= eine menschliche Handlung ist nur dann als Ursache eines Erfolges anzusehen, wenn sie allgemein, erfahrungsgemäß geeignet ist, einen Erfolg wie den eingetretenen herbeizuführen) ausdrücklich als für das Strafrecht zu eng ab.

b) mehrere Ursachen

Für die Herbeiführung eines Erfolges können **mehrere Ursachen** in Betracht kommen. Dann gilt:

gleichzeitige

„Eine Ursache bleibt auch dann eine Ursache im Rechtssinn, wenn außer ihr **noch andere Ursachen** zur Herbeiführung des Erfolges beigetragen haben: Insbesondere wird der Ursachenzusammenhang nicht unterbrochen, wenn durch Handlungen zurechnungsfähiger Dritter Zwischenursachen gesetzt worden sind, ohne die der rechtliche Erfolg nicht eingetreten wäre (**RGSt** 61, 318; 64, 316 m. zahlr. Nachw.).

Aufbaustufen

nacheinander eintretende	Voraussetzung für die Annahme des Ursachenzusammenhangs ist allerdings, daß die ursprünglich für einen bestimmten Erfolg gesetzte Bedingung auch wirklich bis zum Eintritt des Erfolges fortgewirkt hat, also wirklich **Mitursache** geworden ist. Der Ursachenzusammenhang muß verneint werden, wenn ein späteres Ereignis die Fortwirkung beseitigt und seinerseits allein unter Eröffnung einer neuen Ursachenreihe den Erfolg herbeigeführt hat" (BGHSt 4. 361).

II. Rechtswidrigkeit

Begriff	Eine Handlung ist rechtswidrig, wenn sie einen gesetzlichen Tatbestand erfüllt und Rechtfertigungsgründe fehlen. Die Rechtswidrigkeit kann also ausgeschlossen sein bei Vorliegen von
Rechtfertigungsgründe	Rechtfertigungsgründen.

Solche sind:

1. Nach dem StGB:
   Notwehr, § 32
   rechtfertigender Notstand, § 34
   Wahrnehmung berechtigter Interessen, § 193
   Einwilligung des Verletzten, § 228.

2. Nach dem BGB:
   Erlaubte Selbsthilfe, §§ 229 (561, 704, 859, 1029)
   Notwehr, § 227 (sinngemäß wie § 32 StGB)
   Notstand, §§ 228, 904,
   Züchtigungsrecht, §§ 1626, 1631.

3. nach der StPO: § 127

4. nach dem StVollzG: § 87

5. nach der Rechtsprechung:
   Dienstbefehl
   Einwilligung (auch mutmaßliche Einwilligung)

Einzelheiten:

1. Notwehr	**1. Notwehr** (§ 32 StGB)

Beispiel: Straßenräuber St. schlägt den Spaziergänger Sp. nieder, um diesen zu berauben. Sp. kommt jedoch rasch wieder auf die Beine und schlägt nun seinerseits den St. nieder.

Die Legaldefinition für die Notwehr enthält der Abs. 2 des § 32. Danach rechtfertigt die Notwehr, wenn folgende **Voraussetzungen** vorliegen:

Voraussetzungen

a) **Notwehrlage:** wird durch einen gegenwärtigen rechtswidrigen Angriff begründet. **Angriff** ist jede von Menschen (nicht Tieren usw.) drohende Verletzung rechtlich geschützter Güter oder Interessen; auch die Ehre (**RGSt 21, 168**) oder der bloße Besitz (**RGSt 60, 278**) oder das Jagdrecht (RGSt 55, 167). Rechtswidrig ist jeder Angriff, den der Angegriffene nicht zu dulden braucht; dabei kommt es auf die objektive Widerrechtlichkeit an. Gegenwärtig ist der Angriff, der unmittelbar bevorsteht, begonnen hat oder fortdauert (**BayObLG JR 86, 291**). Auch gegen den mit der Beute fliehenden Dieb soll noch Notwehr zulässig sein (**BGH MDR 79, 985**). Präventivmaßnahmen gegen künftige, noch nicht gegenwärtige Angriffe werden durch § 32 aber nicht gedeckt (Wessels aaO); wohl aber ein Gegenangriff, die „**Trutzwehr**" (BGH MDR 58, 13), es sei denn, ein anderes Verhalten war zumutbar (Herbeiholen der Polizei oder bloße „**Schutzwehr**").

Weitere Rechtsprechung:
BGHSt 6, 209: „Notwehr ist nicht darauf beschränkt, die Verwirklichung der gesetzlichen Merkmale des Tatbestands abzuwenden. Sie ist zum Schutz gegen den Angriff auf ein bestimmtes Rechtsgut zugelassen. Dieser Angriff kann trotz Vollendung des Delikts noch fortdauern und deshalb **noch gegenwärtig** sein, solange die Gefahr, die daraus für das bedrohte Rechtsgut erwächst, entweder doch noch abgewendet werden kann oder bis sie umgekehrt endgültig in den Verlust umgeschlagen ist. Nur im Falle des endgültigen Verlustes handelt es sich etwas bei einem Angriff auf Eigentum und Besitz beweglicher Sachen für den Berechtigten nicht mehr um die Erhaltung der Sachherrschaft, sondern um deren Wiedererlangung, für die Gewaltanwendung jedenfalls nicht mehr unter dem Gesichtspunkt der Notwehr zugelassen ist (so schon **RGSt 55, 82, 84**)."

b) **Notwehrhandlung:** ist nur gegenüber dem Angreifer zulässig (**BGHSt 5, 248**). Die Notwehrhandlung muß erforderlich sein. „**Erforderlich**" ist diejenige Verteidigungshandlung, die eine sofortige Beendigung des Angriffs mit Sicherheit erwarten läßt und die endgültige Beseitigung der Gefahr am besten gewährleistet. Unter mehreren und gleich wirksamen Verteidigungsmöglichkeiten ist diejenige zu wählen, die den geringsten Schaden anrichtet (**BGHSt 3, 217**). Auf das Risiko einer unzureichenden Abwehrhandlung braucht sich der Angegriffene aber nicht einzulassen (BGH GA 65, 147; BGH NStZ 96, 29). Je nach der Stärke des Angriffs ist auch der Griff zur **Waffe** erlaubt und im Notfall sogar die Tötung des Angreifers **(BGH NStZ 88, 450).**

Weitere Rechtsprechung:
BGH NStZ 05, 86: „Ob eine Verteidigungshandlung i.S.d. § 32 II StGB erforderlich ist, hängt im Wesentlichen von Art und Maß des Angriffs ab. Grundsätzlich darf der Angegriffene das Abwehrmittel wählen, das eine sofortige und endgültige Beseitigung der Gefahr erwarten lässt vgl. **BGHSt 25, 229, 230; BGH NStZ 96, 29).** Er muß sich nicht mit der Anwendung weniger gefährlicher Verteidigungsmittel begnügen, wenn deren Abwehrwirkung zweifelhaft ist. Wann eine weniger gefährliche Abwehr geeignet ist, die Gefahr zweifelsfrei zu beseitigen, hängt von der jeweiligen „Kampflage" ab. Demgemäß ich auch der **Einsatz eines Messers** nicht von vornherein unzulässig. Er kann aber nur das letzte Mittel der Verteidigung sein. In der Regel ist der Angegriffene gehalten, den Gebrauch des Messers zunächst anzudrohen, oder, sofern dies nicht ausreicht, wenn möglich, vor dem tödlichen einen weniger gefährlichen Einsatz zu versuchen **(BGHSt 26, 256)."**

BGH NStZ 02, 140: „Ob die Verteidigungshandlung i.S.d. § 32 II StGB erforderlich ist, hängt im Wesentlichen von Art und Maß des Angriffs ab. Dabei darf sich der Angegriffene grundsätzlich des Abwehrmittels bedienen, das er zur Hand hat und das eine sofortige und endgültige Beseitigung der Gefahr erwarten lässt. Das schließt auch den **Einsatz lebensgefährlicher Mittel** ein. Zwar kann dieser nur in Ausnahmefällen in Betracht kommen und darf auch nur das letzte Mittel der Verteidigung sein; doch ist der Angegriffene nicht genötigt, auf die Anwendung weniger gefährlicher Verteidigungsmittel zurückzugreifen, wenn deren Wirkung für die Abwehr zweifelhaft ist. Auf einen Kampf mit ungewissem Ausgang braucht er sich nicht einzulassen (st. Rspr.; vgl. **BGH NStZ 98, 508; NStZ-RR 99, 40; 99, 264; StV 01, 566)."**

BGH NStZ 05, 31: „Dem Angeklagten konnte auch nicht angesonnen werden, vor dem Angriff des B zurückzuweichen. Das Gesetz verlangt von einem gesetzwidrig Angegriffenen nur dann, dass er **die Flucht ergreift** oder auf andere Weise dem Angriff ausweicht, wenn **besondere Umstände** sein Notwehrrecht einschränken (vgl. **BGH NJW 80, 2263),** beispielsweise, wenn er selbst den Angriff leichtfertig oder vorsätzlich **provoziert** hat. Etwas anderes gilt auch nicht für Polizeibeamte (vgl. **BayObLG** MDR 91, 367)."

c) **Kein Mißbrauch des Notwehrrechts** („Gebotenheit"): Auch wenn dem Angegriffenen formal das Notwehrrecht zusteht, darf er dieses nicht ausüben, wenn die Ausübung mißbräuchlich wäre. Das ist der Fall bei
 – krassem (unerträglichem) Mißverhältnis der betroffenen Rechtsgüter sowie bei der
 – Notwehrprovokation, also dann, wenn der Angriff absichtlich provoziert wurde, um den anderen unter dem Deckmantel der Notwehr verletzen zu können (vgl. Wessels 1998, 101, BGH NStZ 83, 452); denn in diesem Fall ist das Opfer in Wahrheit der Täter.

Weitere Rechtsprechung:
BGH NStZ 03, 427: „Die Auffassung des LG, die Tötung M's sei völlig unverhältnismäßig gewesen, vermag der Senat nicht zu teilen. Eine **Abwägung** der betroffenen Rechtsgüter findet bei der Notwehr grundsätzlich **nicht statt** (anders etwa im Notstandsfall gem. § 34 StGB; vgl. **BGH** NStZ 96, 29; Tröndle/Fischer § 32 Rn 17). Ein Fall des Missbrauchs des Notwehrrechts stand hier nicht zur Rede (sog. Bagatellfälle; vgl. BGH bei Holtz MDR 79, 985)."

BGHSt 42, 100: „Bei der Wahl eines lebensgefährlichen Verteidigungsmittels muß sich der Angegriffene eine besonderen Zurückhaltung auferlegen, wenn er die Auseinandersetzung **schuldhaft provoziert** hat. In solchen Fällen ist dem Angegriffenen **zuzumuten, dem Angriff nach Möglichkeit auszuweichen**. Steht fremde Hilfe – auch privater Art – zur Verfügung, so hat er auf sie zurückzugreifen. Bei besonders gewichtiger Provokation kann der Verteidiger verpflichtet sein, das Risiko hinzunehmen, das mit der Wahl des **minder gefährlichen Abwehrmittels** verbunden ist (**BGHSt** 24, 356, 359; 39, 374, 379). Allerdings ist in den Fällen der Provokation das Notwehrrecht immer nur eingeschränkt; einen vollständigen Ausschluß oder eine zeitlich unbegrenzte Ausdehnung der Einschränkungen erkennt die Rechtsprechung nicht an (**BGHSt** 39, 374, 379)". Vgl. auch **BGH** NStZ 06, 332.

BGH NStZ 03, 599: „Bei zeitlich aufeinander folgenden, **wechselseitigen Angriffen** der Beteiligten bedarf es zur Prüfung der Notwehrlage einer Gesamtbetrachtung unter Einschluß des der Tathandlung vorausgegangenen Geschehens. Auf ein Notwehrrecht kann sich derjenige nicht berufen, der zuvor einen anderen rechtswidrig angegriffen hat, so dass dieser seinerseits aus Notwehr handelt."

d) **Verteidigungswille** als subjektives Rechtfertigungselement.

e) Zum **Notwehrexzeß** vgl. unten S. 50.

2. Rechtfertigender Notstand (§ 34 StGB)

Beispiel: A. zwingt den B. mit Gewalt, eine Blutentnahme zur Rettung des C. zu erdulden.

§ 34 StGB kommt in Frage, wenn folgende **Voraussetzungen** erfüllt sind:

a) **Notstandslage** liegt vor: gegenwärtige Gefahr für irgendein Rechtsgut (§ 34 Satz l), die den Eintritt oder die Intensivierung eines Schadens (aus der Sicht eines objektiven Beobachters) ernstlich befürchten läßt, falls nicht alsbald Rettungsmaßnahmen ergriffen werden.

Weitere Rechtsprechung:
BGH NStZ 88,554: „Eine Gefahr ist „**gegenwärtig**", wenn bei natürlicher Weiterentwicklung der Dinge der Eintritt eines Schadens sicher oder doch höchstwahrscheinlich ist, falls nicht alsbald Abwehrmaßnahmen ergriffen werden, oder, wenn, anders ausgedrückt, der ungewöhnliche Zustand nach menschlicher Erfahrung und natürlicher Weiterentwicklung der gegebenen Sachlage **jederzeit in einen Schaden umschlagen kann** (BGHSt 5, 371, 373; ebenso Dreher/Tröndle, 44. Aufl., § 34 Rn 4 sowie S/S-Lackner., 23. Aufl., § 34 Rn. 17."

b) **Notstandshandlung** muß objektiv **erforderlich** sein („nicht anders abwendbar"). Erforderlich kann nur sein, was zur Abwendung der Gefahr geeignet ist (**BGSt 2, 242**). Unter mehreren geeigneten Mitteln ist das objektiv mildeste zu wählen (dazu **BGH NStZ 93, 333**).

c) **Rettungswille** des Täters als subjektives Element, das sich auf die Notstandshandlung bezieht.

d) Die objektiv erforderliche und subjektiv vom Rettungswillen getragene Notstandshandlung ist nicht rechtswidrig, wenn

---

Randnotizen:
- 2. rechtfertigender Notstand
- Voraussetzungen

- bei Abwägung der kollidierenden Rechtsgüter und des Grades der ihnen drohenden Gefahren das geschützte Rechtsgut das beeinträchtigte wesentlich überwiegt (**Interessenabwägung**) und
- die Notstandshandlung ein angemessenes Mittel zur Gefahrenabwehr ist (**Angemessenheitsklausel**).

Gegenüber den speziellen Regelungen der §§ 228, 904 BGB tritt § 34 als ultima ratio für Konfliktlagen außergewöhnlicher Art regelmäßig zurück (Tröndle/Fischer, § 34 Rn 23).

3. berechtigte Interessen

3. Wahrnehmung berechtigter Interessen (§ 193 StGB)

Sonderfall bei Beleidigungsdelikten (§§ 185 ff)

4. Einwilligung des Verletzten

4. Einwilligung des Verletzten (§ 228 StGB)

Die Vorschrift betrifft die Einwilligung bei Körperverletzungen, und zwar in der Bedeutung als Rechtfertigungsgrund. Sie bezieht sich auf alle Körperverletzungen (mit Ausnahme des § 34), auch auf fahrlässige (**BGHSt 6, 234 und 17, 359**). Die Tat darf aber nicht trotz Einwilligung sittenwidrig sein (vgl. S. 26). Ob ein Verstoß gegen die „guten Sitten" vorliegt, richtet sich nach dem „sittlichen Empfinden eines gerecht Denkenden"; entscheidend ist die **Sittenwidrigkeit der Tat**, nicht die der Einwilligung (**BGHSt 4, 88**).

Beispiel (aus „Strafrecht leicht gemacht", erschienen im selben Verlag): Ein religiöser Fanatiker läßt sich von X die Augen ausstechen, um durch irdische Leiden größere himmlische Freuden zu erreichen.

5. Sachwehr

5. Sachwehr (§ 228 BGB): defensiver Notstand

Die Rechtfertigung der Sachwehr (Einwirkung auf eine Sache, von der die Gefahr ausgeht) im defensiven Notstand (§ 228 BGB) geht (wie Wessels/Beulke AT 2005, 108 betonen) „auf den Grundgedanken zurück, daß die Schutzinteressen des Bedrohten höher zu bewerten sind als das Interesse des Eigentümers an der Erhaltung einer Sache, deren Zustand andere gefährdet oder zu Abwehrmaßnahmen zwingt".

Dazu ein *Beispiel* (aus „Strafrecht leicht gemacht", im selben Verlag erschienen): Bei einem parkenden Auto löst sich die Handbremse, und es rollt über eine abschüssige

Aufbaustufen

> Straße auf spielende Kinder zu. In letzter Sekunde wirft ein geistesgegenwärtiger Fußgänger ein abgestelltes Moped vor den Wagen. Dieser kommt zum Stehen, wird aber ebenso wie das Moped beschädigt.

Voraussetzungen | Die Sachwehr rechtfertigt unter den folgenden **Voraussetzungen**:

a) es droht eine Gefahr für irgendein Rechtsgut;

b) diese Gefahr muß von einer fremden Sache ausgehen;

c) durch die Notstandshandlung **wird die Sache beschädigt oder zerstört**: hier das Auto;

d) die Beschädigung oder Zerstörung dieser Sache ist zur **Abwehr der Gefahr objektiv erforderlich** (mildestes Mittel);

e) der Schaden steht objektiv **nicht außer Verhältnis** zur Gefahr. § 228 verlangt aber nicht ein wertmäßiges Überwiegen des bedrohten Rechtsgutes;

f) Gefahrabwendungswille.

6. Sacheingriff

6. Sacheingriff (§ 904 BGB):
aggressiver Notstand

Anders als im Falle der Sachwehr (siehe oben) erlaubt der Sacheingriff auch die Einwirkung auf eine solche Sache, von der eine Gefahr gar nicht ausgeht.

> *Beispiel* wie bei der Sachwehr: Nun geht es aber um die Beschädigung des Mopeds, das mit der Gefahrenquelle (Auto) in keinerlei Beziehung stand.

Voraussetzungen | Der Sacheingriff rechtfertigt insoweit unter den folgenden **Voraussetzungen**:

a) es muß eine **Gefahr für ein Rechtsgut** vorliegen (gleichgültig, ob sie von Menschen oder Sachen ausgeht);

b) die Gefahr muß **gegenwärtig** sein und die

c) **Notstandshandlung** („Einwirkung") **notwendig** sein,

d) wobei eine **Güterabwägung** stattfinden muß: diese muß

eindeutig zugunsten des von der Gefahr Bedrohten ausgehen (BGH JR 85, 283). Dabei sind „höchstpersönliche" Rechtsgüter (Leib und Leben) grundsätzlich höherwertig als materielle Güter.

e) Gefahrabwendungswille.

7. erlaubte Selbsthilfe

7. Erlaubte Selbsthilfe (§§ 229, 859 BGB)

Die Voraussetzungen der erlaubten Selbsthilfe entsprechen sich in den §§ 229, 859 und 1029.

a) § 229

a) **das Selbsthilferecht nach § 229**
Es bezieht sich auf die Unterlassung der Erfüllung eines Anspruchs durch den Schuldner.

> *Beispiel:* Der Gläubiger G trifft auf dem Flugplatz seinen Schuldner S, der gerade auf Nimmerwiedersehen verschwinden sill.; G hält S bis zum Eintreffen der Polizei fest (Fall nach Kühl 2002, 325).

Voraussetzungen

Voraussetzungen:
  aa) **objektiv:** bestehender **Anspruch**, zu dessen Durchsetzung staatliche Hiilfe nicht rechtzeitig erlangt werden kann (dazu **OLG Frankfurt** NJW 94, 946); außerdem muß die **Gefahr** bestehen, dass die Anspruchsverwirklichung ohne die Selbsthilfehandlung vereitelt oder wesentlich erschwert wird. Die Selbsthilfehandlung muß zur Abwehr der Anspruchsvereitelung **geeignet und erforderlich** (§ 230 Abs.1) sein. § 229 nennt insoweit die Wegnahme und Zerstörung von Sachen und die Festnahme des Schuldners. Alle Selbsthilfehandlungen müssen sich schließlich auf den **Sicherungszweck** beschränken. Schließlich muß die Selbsthilfehandlung **verhältnismäßig** sein (vgl. dazu Kühl aaO).

> *Beispielsergänzung:* G schlägt den S, weil der sich aus der Umklammerung lösen will, zu Boden.
> Ob ein solches Zupacken zum Zwecke des Festhaltens des fluchtbereiten Schuldners noch gedeckt ist, ist umstritten: Nach Kühl (aaO) scheidet zumindest die lebensgefährliche Verletzung des Schuldners aus.

  bb) **subjektiv:** das Handeln muß **zum Zwecke der Selbsthilfe** erfolgen, nicht etwa deshalb, weil G dem S aus anderen Gründen, z.B. um ihm eine Blamage vor den anderen Fluggästen zu ersparen.

Aufbaustufen

b) § 859

b) **Das Selbsthilferecht nach § 859**
Auch die Besitzwehr i.S. des § 859 Abs.1 ist ein Rechtfertigungsgrund, der dem Besitzberechtigten erlaubt, die Besitzstörung mit der dafür angemessenen Gewalt zu beseitigen (vgl. BGH NJW 98, 1000).

> *Beispiel:* Der Mieter eines Gartens zwingt den Vermieter mittels körperlichen Einsatzes, den Garten zu verlassen (**OLG Frankfurt NStZ-RR 00, 107**)
> Die Besitzkehr ist gegenüber § 32 der speziellere Rechtfertigungsgrund (Kühl aaO, 327).

Voraussetzungen

Voraussetzungen:
aa) **verbotene Eigenmacht** (Besitzentziehung/Besitzstörung: Abs.1)

bb) **Abwehrmaßnahme**
  – Falls der Täter auf frischer Tat ertappt oder verfolgt wird (**Nacheile**, Abs. 2): Sache darf notfalls mit Gewalt weggenommen werden („**Besitzkehr**");
  – Grundstücksentzug (Abs. 3): sofort danach Wiederbemächtigung möglich;
  – Sonstige Störungen („**Besitzwehr**": Abs. 1): notfalls gewaltsame Abwehr.

cc) **objektive Erforderlichkeit der Abwehr** (entsprechend § 227 BGB = § 32 StGB).

dd) Abwehrwille.

8. Festnahmerecht

8. Festnahmerecht für jedermann
(§ 127 Abs. 1 Satz 1 StPO)

a) für jedermann

Einen Rechtfertigungsgrund bildet auch das in § 127 Abs. 1 StPO jedermann (Privaten, aber auch Polizeibeamten) gewährte Recht, einen auf frischer Tat betroffenen oder verfolgten Täter **vorläufig festzunehmen**, wenn

– Fluchtverdacht besteht oder
– seine Identität nicht sofort festgestellt werden kann.

Problem: genügt für das Eingreifen nach § 127 Abs. 1 der dringende Tatverdacht einer Straftat oder setzt dieser Rechtfertigungsgrund eine tatsächlich begangene Straftat voraus?

– **materiellrechtliche Theorie:** setzt wirklich begangene Straftat voraus (vgl. S/S-Lenckner Rdnr. 82 vor § 32 unter Hinweis auf **OLG Hamm NJW 72, 1826**);

– sog. prozeßrechtliche Theorie: dringender Tatverdacht reicht aus (BayObLG 86, 52; BGH NJW 81, 745).

Voraussetzungen | Voraussetzungen der vorläufigen Festnahme:

a) zumindest **dringender Tatverdacht**,

b) **auf frischer Tat betroffen** (gestellt bei Begehung der Tat noch am Tatort oder in unmittelbarer Nähe),
oder
verfolgt (nach „Betreffen" am Tatort sofort nachgesetzt, so dass noch ein zeitlicher Zusammenhang besteht).

c) **Fluchtverdacht** des Festzunehmenden **oder Identität nicht sofort feststellbar**;

d) **erlaubtes Festnahmemittel**: Erforderlichkeit, Verhältnismäßigkeit; nur die zur Festnahme erforderlichen tatbestandsmäßigen Handlungen wie Nötigung (§ 240), Freiheitsberaubung (§ 239) und dadurch bedingte leichte körperliche Mißhandlungen (§ 223) sind gerechtfertigt;

e) **Subjektives Rechtfertigungselement:**
Handeln zur Identitätsfeststellung oder zur Verhinderung erfolgreicher Flucht.

Das **Festnahmerecht erlaubt grundsätzlich Gewaltanwendung** (OLG Karlsruhe MDR 74, 597), z.B. Wegnahme von Sachen (OLG Saarbrücken NJW 59, 1191), Versperren des Weges (KG VM 72, 54), **nicht aber Mißhandlungen**, die über die Notwendigkeiten der Festnahme hinausgehen, etwa festes Anfassen oder Anpacken; die Abgabe von Schüssen auf Fliehende ist nur bei besonders schwerwiegenden Straftaten gestattet (vgl. BGH MDR 79, 985; anders Wessels/Beulke 2005, 127: allenfalls Warnschüsse erlaubt).

b) für StA und Polizei | b) Für Staatsanwaltschaft und Polizei bestehen noch weitere besondere Festnahmerechte (§§ 127 Abs. 2, 127 b Abs. 1 StPO; das gilt auch für die Strafvollzugsbehörde, § 87 StrVollzG).

9. bindender Dienstbefehl

9. Bindender Dienstbefehl

„Handeln auf Befehl ist Rechtfertigungsgrund, wenn die befohlene Handlung rechtmäßig ist. Ist sie das nicht, der Befehl aber dennoch verbindlich, so ist er ein Schuldausschließungsgrund" (Tröndle/Fischer, Rdnr. 8 vor § 32).

Aufbaustufen

10. Behördliche Erlaubnis

10. Behördliche Erlaubnis

Etwa beim Umgang mit Betäubungsmitteln (§ 11 Abs. 1 Nr. 1 BtMG) oder bei der Einfuhr von Sprengstoffen (§ 14 SprengstG) oder bei der Arbeit mit Krankheitserregern (§ 19 Abs.1 BSeuchG).

11. Züchtigungsrecht

11. „Züchtigungsrecht"
(§§ 1626, 1626a. 1631 BGB)

> *Beispiel*: Der vierjährige Sohn S sticht seiner fünfjährigen Schwester E mit der geöffneten Schere in die Backe. Vater V ermahnt ihn. Nach kurzer Zeit sticht S zum zweiten Mal und trifft nun in der Nähe des linken Auges. Vater V reagiert mit einem Klaps an der Schmerzgrenze. Hat er sich strafbar gemacht? Gibt das Erziehungsrecht eine Züchtigungsbefugnis?
> In dem (mehrfach geänderten) § 1631 Abs. 2 BGB heißt es inzwischen: „Kinder haben das Recht auf gewaltfreie Erziehung. Körperliche Bestrafungen, seelische Verletzungen oder andere entwürdigende Maßnahmen sind unzulässig".

Die rechtlichen Konsequenzen dieses Absatzes für das Strafrecht sind umstritten:

a) Die **h.M.** im Schrifttum (vgl. dazu Hillenkamp in JuS 01, 165; Karglh NJW 03, 59) hält jede körperliche Züchtigung auch unter strafrechtlichen Gesichtspunkten für unzulässig.

b) Die **Gegenmeinung** (Marxen AT 2003, 99) geht davon aus, dass die zivilrechtliche Neuregelung für das Strafrecht keine Bedeutung besitzt.

c) Eine **mittlere Position** wird von Wessels/Beulke (2005, 138) vertreten: „Keine Neuregelung des Gesetzes kann das durch Art. 6 GG abgesicherte Erziehungsrecht der Eltern beseitigen. Sinnvolle Erziehungsmaßnahmen müssen also zulässig bleiben" und zwar zur „Unterbindung gefährlicher Verhaltensweisen des Kindes. Sie dürfen durchaus auch intensiv spürbar sein, so z.B. in Form einer **schmerzhaften Backpfeife**". Daß „demgegenüber ein **leichter Klaps auf den Po** mangels Erheblichkeit die tatbestandlichen Voraussetzungen des § 223 ohnehin nicht erfüllt, entspricht sowieso einhelliger Meinung".

12. Einwilligung (erklärte oder mutmaßliche) nach der Rechtsprechung

Als Rechtfertigungsgrund kommt die Einwilligung (= ein Verzicht auf Rechtsschutz) nur in Betracht, soweit sie nicht schon die Tatbestandsmäßigkeit beseitigt, wie bei den §§ 123, 177, 239, 242, 248 b, 249 ff usw.) und folgende Voraussetzungen vorliegen (dazu Rönnau Jura 02, 665):

a) **bei der erklärten Einwilligung**
- die Einwilligung des **Inhabers** bzw. **Verfügungsberechtigten des verletzten Rechtsgutes** (BGHSt 23, 1), sofern diese vor der Tat erteilt wurde, **zur Tatzeit, noch vorhanden** war und auch kundgetan wurde;
- der Einwilligende **einwilligungsfähig** war, d.h. nach seiner geistigen und sittlichen Reife imstande war, die Tragweite des Eingriffs und des Verzichts voll zu erfassen;
- **Freiwilligkeit und Ernstlichkeit** der Einwilligung (BGHSt. 4, 118);
- **ein disponibles Rechtsgut** betroffen ist: unverzichtbar ist das Rechtsgut „Leben" (BGHSt 40, 257; 42, 301); wirksam verfügen kann der einzelne auch nicht über Rechtsgüter der Allgemeinheit (etwa §§ 306a, 316); die Einwilligung in eine Körperverletzung ist nur unter den Beschränkungen des § 228 zulässig.
- **kein Verstoß gegen die guten Sitten** vorliegt (vgl. dazu den Grundgedanken von § 228 StGB: S. 30).

Beispiel: Boxanfänger B fordert den Deutschen Meister im Boxen heraus. Bei Boxern kann man grundsätzlich von einer Einwilligung beider Kontrahenten ausgehen. Aber gilt das auch dann, wenn ein auffälliges Leistungsgefälle besteht?

Der BGH (BGHSt 49, 166, 170) hat insoweit die Meinung vertreten, dass sittenwidrig solche Körperverletzungen sind, die das Opfer in konkrete Todesgefahr bringen. Sadomasochistische Behandlungen, in die das Opfer einwilligt, sollen hingegen noch nicht gegen die guten Sitten verstoßen.

b) **bei der mutmaßlichen Einwilligung**
Fehlt eine Einwilligung, kann in besonders gelagerten Fällen eine mutmaßliche Einwilligung in Betracht kommen.

Beispiel: Frau F. öffnet die Post des Finanzamtes, die an ihren Mann gerichtet ist, weil dieser verreist ist, und Frau F. befürchtet, daß Nachzahlungsfristen versäumt werden könnten- Oder: Operation eines bewußtlosen Unfallopfers (Fälle nach Wessels/Beulke AT 2005, 134).

Aufbaustufen

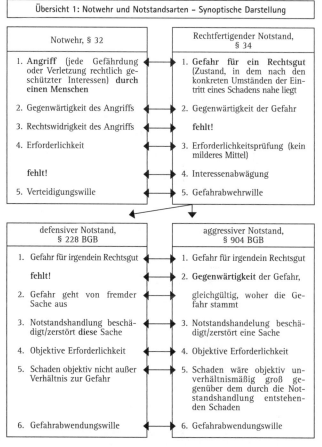

Übersicht 1: Notwehr und Notstandsarten - Synoptische Darstellung

Notwehr, § 32	Rechtfertigender Notstand, § 34
1. **Angriff** (jede Gefährdung oder Verletzung rechtlich geschützter Interessen) **durch einen Menschen**	1. **Gefahr für ein Rechtsgut** (Zustand, in dem nach den konkreten Umständen der Eintritt eines Schadens nahe liegt
2. Gegenwärtigkeit des Angriffs	2. Gegenwärtigkeit der Gefahr
3. Rechtswidrigkeit des Angriffs	**fehlt!**
4. Erforderlichkeit	3. Erforderlichkeitsprüfung (kein milderes Mittel)
fehlt!	4. Interessenabwägung
5. Verteidigungswille	5. Gefahrabwehrwille

defensiver Notstand, § 228 BGB	aggressiver Notstand, § 904 BGB
1. Gefahr für irgendein Rechtsgut	1. Gefahr für irgendein Rechtsgut
fehlt!	2. **Gegenwärtigkeit** der Gefahr,
2. Gefahr geht von fremder Sache aus	gleichgültig, woher die Gefahr stammt
3. Notstandshandlung beschädigt/zerstört diese Sache	3. Notstandshandelung beschädigt/zerstört eine Sache
4. Objektive Erforderlichkeit	4. Objektive Erforderlichkeit
5. Schaden objektiv nicht außer Verhältnis zur Gefahr	5. Schaden wäre objektiv unverhältnismäßig groß gegenüber dem durch die Notstandshandlung entstehenden Schaden
6. Gefahrabwendungswille	6. Gefahrabwendungswille

Aus: Schwind/Franke/Winter: *Übungen im Strafrecht für Anfänger*, 2000, S. 30

Die mutmaßliche Einwilligung gehört (in Parallele zur Geschäftsführung ohne Auftrag: § 677 BGB) zu den gewohnheitsrechtlich anerkannten Rechtfertigungsgründen (vgl. RGSt 61, 256); diese kommt unter **folgenden Voraussetzungen** in Betracht:
- die Erteilung einer „echten" Einwilligung **kann nicht abgewartet werden**: gemeint sind also Eil- oder Notfälle;
- es handelt sich um ein **disponibles Rechtsgut** (vgl. oben S. 36);
- **kein Verstoß gegen die guten Sitten** (vgl. oben);
- das Verhalten des Täters entspricht, objektiv betrachtet, dem Interesse **und** dem wirklichen oder **zu vermutenden Willen des Berechtigten** (dazu BGH JZ 04, 799);
- **Täter muß mit der Einwilligung rechnen.**

c) nachträgliche

c) **Nachträglich erteilte Einwilligung** (= Genehmigung)
Eine nachträgliche erteilte Einzelgenehmigung ist, wie jede Genehmigung im Strafrecht, für die vorher begangene Tat ohne Bedeutung (BGHSt 7, 295).

III. Schuld

Begriff

Schuld ist Vorwerfbarkeit (BGHSt 2, 200).

Die Schuldlehre ist das umstrittenste Gebiet der heutigen Strafrechtslehre. Der BGH hat seit der Grundsatzentscheidung BGHSt Gr. Sen. 2,194 ff die von ihm vertretene Schuldlehre weiterentwickelt und präzisiert. Sie soll hier kurz dargestellt werden.

Elemente

Schuld setzt sich aus mehreren Elementen zusammen.

(1) Schuldfähigkeit
(2) Vorsatz (bzw. Fahrlässigkeit)
(3) Unrechtsbewußtsein
(4) Fehlen von Schuldausschließungsgründen

Im einzelnen

1. Schuldfähigkeit

1. Schuldfähigkeit

a) Als nicht schuldfähig gelten:

aa) Kinder (bis 14 J.), weil diesen die geistige und sittliche Reife noch fehlt (vgl. § 1 Abs. 3 JGG, vgl. auch § 19 StGB)

Aufbaustufen

bb) generell jene Menschen, die infolge der in § 20 aufgezählten krankhaften Vorgänge unfähig sind, das Unrechtmäßige ihres Tuns einzusehen oder unfähig sind, gemäß ihrer richtigen Einsicht zu handeln (Unzurechnungsfähigkeit = Schuldunfähigkeit).

Hierzu (**Schuldunfähigkeit**) **ist im einzelnen** zu beachten:

§ 20 StGB:
Für die Anwendung (des § 20 StGB) ist erstens zu prüfen, ob beim Täter zur Zeit der Tat eine krankhafte seelische Störung, eine tiefgreifende Bewußtseinsstörung, Schwachsinn oder eine schwere andere seelische Abartigkeit bestanden hat. Zweitens muß infolge eines solchen Zustandes der Täter (im Zeitpunkt der Tat) unfähig gewesen sein, das Unrecht der Tat einzusehen **oder** nach dieser Einsicht zu handeln.
Sind diese Fähigkeiten beim Täter infolge der angeführten Defekte erheblich vermindert, so greift § 21 StGB ein.

actio libera in causa

b) Liegt Schuldunfähigkeit gemäß § 20 vor, kann der Täter gleichwohl dann aus der verwirklichten Strafvorschrift bestraft werden, wenn die Voraussetzungen der **actio libera in causa** (a.l.i.c.) vorliegen: selbstverschuldeter Defekt wie Volltrunkenheit, Drogenrausch usw.

Erstes *Beispiel*: A betrinkt sich bis in den Zustand der Schuldfähigkeit, und zwar mit dem Willen, nach Ausschaltung seines Hemmungsvermögens einen anderen Menschen zu töten. Ist er nach den Tötungsvorschriften (§§ 211, 212) zu bestrafen oder nach der subsidiär geltenden Vorschrift des § 323 a (Vollrausch)?

Folgt man allein dem Wortlaut des Gesetzes, kann nur der § 323 a in Betracht kommen (so auch eine Mindermeinung: vgl. z.B. Hettinger in FS für Geerds 1995, 623). Der BGH hält jedoch nach (**BGH** JR 97, 391) wie vor (**BGHSt** 21, 381) an der Konstruktion der a.l.i.c. fest. Danach ist der A wegen eines Tötungsdeliktes zu bestrafen, weil er „im Zustand der Verantwortlichkeit schuldhaft die Ursache für sein eigenes Tun gesetzt hat, das dann in der vorgesehenen Weise" ablief, als seine Schuldfähigkeit ausgeschlossen war (so schon **BGH** LM Nr. 7 zu § 51): „**Vorverlegungsdoktrin**". Andere (vgl. Tröndle/Fischer § 20 Rn 19 a) begründen die Bestrafung des Täters (i.S. mittelbarer Täterschaft) mit dem Hinweis, der Täter habe sich zu seinem eigenen (schuldfähigen) Werkzeug gemacht.

vorsätzliche	Eine Bestrafung des Täters setzt im übrigen, wenn man der Rechtsprechung des BGH folgt, für die Anwendung der a.l.i.c. (schuldhaft Bedingung in frei verantwortlichem Zustand gesetzt) einen **doppelten Vorsatz** des Täters voraus: dieser muß sich (erstens) vorsätzlich in den Zustand der Schuldunfähigkeit versetzt haben und (zweitens) mit dem weiteren Vorsatz eine **bestimmte** Straftat (etwa in unserem Beispiel ein Tötungsverbrechen) zu begehen (**vorsätzliche a.l.i.c.**). Der Entschluß im Vollrausch „irgendeine" Gewalttätigkeit zu verüben, reicht nicht aus (**BGH** StV 1993, 356), wohl aber der Vorsatz, **irgendeine Frau zu** vergewaltigen, weil dann die Art der Straftat konkretisiert ist, nur nicht das Opfer (**BGHSt** 21, 383).

> Zweites *Beispiel*: Der A betrinkt sich in der Gastwirtschaft bis zur Schuldunfähigkeit, obgleich er **nach seinen bisherigen Erfahrungen** damit rechnen muß, daß er im Suff gewalttätig wird. Dazu kommt es auch diesmal. B und C werden verletzt.

fahrlässige	In diesem Fall hat A schon durch das Aufsuchen der Gastwirtschaft und das Sichbetrinken eine Bedingung für die späteren Körperverletzungen gesetzt: **fahrlässige a.l.i.c.** (vgl. **BGHSt** 17, 260); anders **BGHSt** 42, 237, (ebenso **BGH** NJW 03, 2394), der in diesen Fällen die a.l.i.c. für überflüssig hält, weil das Sichbetrinken bereits Gegenstand des Fahrlässigkeitsvorwurfs sei.
	Liegen die Voraussetzungen der vors. oder fahrl. a.l,i.c. nicht vor, ist die Prüfung abzubrechen und § 323 a zu prüfen.
2. Vorsatz und Fahrlässigkeit	## 2. Vorsatz (und Fahrlässigkeit) als Schuldelemente
	Zunächst bestimmen Sie Vorsatz und Fahrlässigkeit. Strafbar ist nur vorsätzliches Handeln, wenn nicht im Gesetz fahrlässiges Handeln ausdrücklich mit Strafe bedroht ist (§ 15):
a) Vorsatz	### a) Vorsatz:
	„Vorsatz ist Wille zur Verwirklichung eines Straftatbestandes in Kenntnis aller seiner Tatumstände" (**BGHSt** 19, 298).
	Zu unterscheiden sind – direkter Vorsatz (dolus directus) – bedingter Vorsatz (dolus eventualis)

Aufbaustufen

dolus directus

„Beide Vorsatzarten unterscheiden sich in einem Punkt wesentlich. Während der mit **unbedingtem (direktem) Vorsatz** Handelnde den gewollten Erfolg als sicheres Ereignis in seine Vorstellung aufgenommen hat, hält ihn der Täter beim **bedingten Vorsatz** nur für möglich" (BGHSt 10, 74).

dolus eventualis (billigend in Kauf nehmen)

Beim bedingten Vorsatz ist zu beachten:

- „Der BGH weist ausdrücklich darauf hin, daß die Feststellung ‚in Kauf nehmen' noch nicht zur Annahme des bedingten Vorsatzes ausreicht. Vielmehr muß der Täter den als möglich vorgestellten Erfolg auch innerlich **gebilligt** und ihn damit für den Fall seines Eintrittes gewollt haben" (Dallinger MDR 1952, 16). So auch **RGSt** 67, 116.

- „Der Täter kann auch einen solchen Erfolg billigen, der ihm an sich unerwünscht ist. ...Die Billigung des Erfolges ... bedeutet ... nicht etwa, daß der Erfolg den Wünschen des Täters entsprechen muß. Bedingter Vorsatz kann auch dann gegeben sein, wenn dem Täter der Erfolg unerwünscht ist. Im Rechtssinn billigt er diesen Erfolg trotzdem, wenn er, um des erstrebten Zieles willen, notfalls, d.h. sofern er anders sein Ziel nicht erreichen kann, sich auch damit abfindet, daß seine Handlung den an sich unerwünschten Erfolg herbeiführt und ihn damit für den Fall seines Eintrittes will ..."(BGHSt 7, 363).

(vgl. hierzu ferner bei der Abgrenzung des bedingten Vorsatzes zur bewußten Fahrlässigkeit, unten S. 47).

Der Vorsatz muß sich erstrecken aa) auf die äußeren (=obj.) TBM

Der Vorsatz muß im einzelnen umfassen:

aa) die **äußeren Tatbestandsmerkmale** (deskriptive und normative. (s. o. S. 23).
Bei den normativen Tatbestandsmerkmalen ist in bezug auf den Vorsatz nach der Rspr. zu beachten: „Zum Vorsatz gehört nicht die rechtsrichtige Beurteilung der wertenden (normativen) Tatbestandsmerkmale. Es genügt vielmehr die dem Gesetz entsprechende Wertung, mag man sie im Anschluß an Mezger mit BGHSt 3, 248 (255) als ‚**Parallelwertung in der Laiensphäre** des Täters' bezeichnen oder mit Welzel (JZ 53, 120) verlangen, der Täter müsse den ‚Bedeutungssinn des Tatumstandes im sozialen Leben' erfaßt haben ..." (BGHSt 4, 352).

Weitere Rechtsprechung:
„Es wäre aber eine Überspannung des Vorsatzbegriffs, wollte man Vorsatz nur dann bejahen, wenn der Täter im Zeitpunkt der Tat sämtliche Tatumstände ausdrück-

lich i.S. eines „Daran-Denkens" bedacht, ihnen also in jedem Augenblick der Tatausführung die volle Aufmerksamkeit seines Bewußtseins zugewendet hatte. Vielmehr reicht es aus, daß die Kenntnis der Tatbestandsmerkmale bei der Willensbildung des Täters irgendwie wirksam geworden ist und als **„sachgedankliches Mitbewußtsein"** das Vorstellungsbild des Täters begleitet hat. Dazu genügt auch ein abgeschwächtes, der gegenwärtigen Aufmerksamkeit entzogenes Bewußtsein von geringerem Deutlichkeitsgrad (h. M.: Rudolphi, in: Syst. Komm. z. StGB, § 16 Rdnr. 24; Dreher, StGB, 37. Aufl., § 15 Rdnr. 3; Schönke-Schröder, Rdnrn, 40, 50 bis 52). Ein Wissen im Sinne eines bewußten Denkens, eines „Daran-Denkens", ist somit nach der herrschenden Meinung für den Vorsatz nicht erforderlich (**BayObLG NJW 77, 1974**)."

„Weil von Vorsatz nur dann die Rede sein kann, wenn sich das äußere Bild der Tat im Innern des Täters vollständig widerspiegelt, gehört zum Vorsatz in allen Fällen jener Art (d.h. bei den normativen Tatbestandsmerkmalen) die dem Gesetz entsprechende Wertung, d.h. in der Parallelwertung Laiensphäre des Täters" (**BGHSt 3, 255**).

Es kann im Einzelfall der Täter sich im IRRTUM über das Vorliegen von Tatbestandsmerkmalen befinden. Das ist der Fall des

| Tatbestandsirrtum (§ 16 StGB) | **Tatbestandsirrtums,** |

den der BGH wie folgt behandelt:
„Die irrige Annahme, einer dieser Tatumstände (die zum Tatbestand gehören, mögen diese auch in Rechtsbeziehungen oder Rechtsverhältnissen bestehen wie etwa die Fremdheit der Sache beim Diebstahl oder die Beschlagnahme beim Verstrickungsbruch) liege nicht vor, ist Tatbestandsirrtum, der in § 59 (a.F. = § 16 n.F.) geregelt ist... Hier hält der Täter sein Tun für erlaubt, ... weil er nicht weiß, was er tut. Sein Wille ist nicht auf die Verwirklichung des Tatbestandes gerichtet. Weil der **Tatvorsatz fehlt**, kann er wegen vorsätzlicher Tatbegehung nicht bestraft werden. **Beruht der Irrtum auf Fahrlässigkeit**, so ist Bestrafung möglich, wenn auch die fahrlässige Verwirklichung des Tatbestandes mit Strafe bedroht ist ..." (**BGHSt 2, 197**; so jetzt auch § 16 Abs. l Satz 2): vgl. Übersicht 3 bei S. 52.

Aufbaustufen

,umgekehrter' Tatbestandsirrtum = untauglicher Versuch!	Wenn dagegen der Täter Tatumstände annimmt, die in Wahrheit gar nicht gegeben sind (er nimmt irrig nicht vorliegende Tatumstände als gegeben an), so liegt ein Fall des untauglichen Versuches vor (umgekehrter Tatbestandsirrtum). Vergleiche S. 52. Ferner muß der Vorsatz umfassen
bb) auf den Kausalverlauf	bb) **den Kausalverlauf:** „Der Vorsatz muß sich auf den Geschehensablauf erstrecken (**BGH** GA 55, 123)... Da sich ... nicht alle Einzelheiten des Geschehensablaufes voraussehen lassen, schließen Abweichungen gegenüber dem vorgestellten Verlauf regelmäßig dann den Vorsatz nicht aus, wenn sie sich noch innerhalb der Grenzen des nach allgemeiner Lebenserfahrung Voraussehbaren halten und keine andere Bewertung der Tat rechtfertigen (so **BGH** GA a.a.O. **RGSt** 70, 258) ..." (**BGHSt** 7, 329). Weitere Rechtsprechung: BGH NStZ 02, 476: „In der Rechtsprechung ist als Rechtsfigur der unerheblichen Abweichung des tatsächlichen Kausalverlaufs vom vorgestellten Kausalverlauf anerkannt, dass eine etwaige Divergenz zwischen dem eingetretenen und dem vom Täter gedachten Geschehensablauf unter Gesichtspunkten des Vorsatzes regelmäßig **dann unbeachtlich** ist, wenn sie **unwesentlich** ist, namentlich, weil beide Kausalverläufe gleichwertig sind. (**BGHSt** 7, 325, 329; **BGH** NJW 02, 1057). Danach gilt insbesondere folgendes: Bewirkt der Täter, der nach seiner Vorstellung vom Tatablauf den Tatererfolg erst durch eine spätere Handlung herbeiführen will, diesen bereits durch eine frühere Handlung, so kommt eine Verurteilung wegen vorsätzlicher Herbeiführung des Tatererfolgs dann in Betracht, wenn er bereits vor der Handlung, die den Tatererfolg verursacht, die **Schwelle zum Versuch überschritten** hat oder sie zumindest mit dieser Handlung überschreitet (**BGH** GA 55, 123, 124; NJW 02, 1057). Dies alles findet weitgehend Zustimmung im Schrifttum (S/S-Cramer/Sternberg-Lieben, 26. Aufl. § 15 Rn 58; Tröndle/Fischer, 50. Aufl., § 16 Rn 7; Baumann/Weber/Mitsch AT, 10. Aufl., § 20 Rn 24; a.A. LK-Schroeder, 11. Aufl., § 16 Rn 34; Jacobs AT, 2. Aufl., S. 300 ff)."

Sonderfälle

Sonderfälle:
Sonderfälle dafür, inwieweit ein Abweichen des tatsächlichen vom vorgestellten Kausalverlauf relevant sind:

- die **aberratio ictus** und
- der **dolus generalis**

Weil die aberratio ictus aus Verständnisgründen herkömmlich mit dem error in objecto zusammen behandelt wird, soll hier ebenso verfahren werden. Aber merken: Der error in objecto ist kein Irrtum über den Kausalverlauf, sondern ein Irrtum über das Tatobjekt (= Tatbestandsirrtum). Vgl. Übersicht auf S. 46

error in objecto

- **error in objecto vel persona** (Fehlgehen der Tat): der Täter **verwechselt das Objekt seiner Tat**; sein Tatbestandsverwirklichungswille war auf ein anderes Objekt gerichtet als das, bei dem der gewollte Erfolg tatsächlich eingetreten ist. Diese **Objektverwechslung** ist nach **BGHSt** 11, 268 (270) nur bei **Ungleichwertigkeit** der angegriffenen Rechtsgüter von Bedeutung.

  Also: Sind die Tatobjekte **gleichwertig** (Beispiel: Täter will A töten, tötet durch den in Tötungsabsicht abgegebenen Schuß aber den B, den er in der Dämmerung für den A hält, vgl. **BGHSt** 11, 268): Bestrafung wegen vollendeter Tat, da ja der Täter den auf ihn zukommenden Menschen töten wollte (ähnlich der Rose-Rosahl-Fall in GA Bd. 7, 322): unbeachtlicher Motivirrtum (so **BGH NStZ** 98, 294).

  Sind die Objekte hingegen **ungleichwertig** (A, der den B erschießen will, hat diesen in der Dunkelheit mit einer Statue verwechselt), so Bestrafung nur wegen versuchter, vorsätzlicher Tatbestandsverwirklichung und fahrlässiger tatsächlicher Tatbestandsverwirklichung, da es auf den vorgestellten Geschehensablauf ankommt und das Abweichen des tatsächlichen vom vorgestellten Geschehensablauf hier als wesentlich bezeichnet werden muß.

aberratio ictus

- **aberratio ictus** (Abirren=„danebengetroffen"!)
  „Verwirklicht sich der dem Täter erwünschte Erfolg anstatt an dem von ihm allein ins Auge gefaßten Gegenstand an einem diesem zwar gleichartigen, von ihm aber nicht vorgestellten Gegenstand - ohne Verwechslung beider - lediglich infolge eines Dazwischentretens von Um-

ständen, die den von ihm gewünschten Ursachenverlauf änderten (aberratio ictus), so liegt **nur ein Versuch** der beabsichtigten Straftat vor, mit dem sich je nach Lage des Falles bloß noch eine strafbare **Fahrlässigkeit** hinsichtlich des verletzten Gegenstandes verbinden kann" (BGSt 58, 28 und h. L.).

> *Beispiel*: Täter will A schlagen, der weicht aus, der Täter trifft den hinter A stehenden B: = versuchte Körperverletzung bzgl. A, die straflos ist, und fahrlässige Körperverletzung bzgl. B.

dolus generalis

„dolus generalis":
Der BGH hält diesen Begriff des „dolus generalis" für unklar und rechtsgeschichtlich überholt (vgl. **BGH NJW 60, 1261**). Er will das durch die Lehre vom dolus generalis gestellte Problem als eines der vorsatzbezogenen Kausalität betrachten.

Zwei Gruppen sind zu unterscheiden:

> *Erstes Beispiel*: Der Täter würgt sein Opfer mit bedingtem Tötungsvorsatz, hält das bewußtlose Opfer für tot, wirft es in die Jauchegrube, der Tod tritt erst hierdurch ein.

Nach BGH (BGHSt 14, 193) ist der Tod durch das Würgen nur mittelbar verursacht. „Der Erfolg war, daß das Opfer schließlich reglos dalag, von der Angeklagten für tot gehalten und deshalb von ihr in die Jauchegrube geworfen wurde. Zu diesem Vorgang, der den Tod unmittelbar bewirkte, wäre es ohne die früheren Handlungen, die die Angeklagte mit bedingtem Tötungsvorsatz ausgeführt hatte, nicht gekommen. Dies ist daher Ursache des Todes. Die Angeklagte hat ihn also mit bedingtem Vorsatz herbeigeführt. Er ist zwar auf eine andere Weise eingetreten, als es die Angeklagte für möglich gehalten hatte. **Diese Abweichung des wirklichen vom vorgestellten Ursachenablauf ist aber nur gering und rechtlich ohne Bedeutung**. Das ist für Fälle des direkten Tötungsvorsatzes schon wiederholt entschieden worden ... Daß die Angeklagte bei ihrem Angriff nur mit bedingtem Vorsatz gehandelt hatte, ist jedenfalls im vorliegenden Fall kein Grund, etwas anderes anzunehmen. Denn der „Unterschied zwischen beiden Arten des Vorsatzes hat mit der Ursächlichkeit nichts zu tun. Er ändert auch nichts daran, daß das Maß, mit der der wirkliche Ursachenverlauf von der Vorstellung der Angeklagten abwich, gering und daher rechtlich bedeutungslos ist ...".

Übersicht 2: Zum error in objecto vel in persona

=Irrtum über die Identität des Handlungsojekts.
Stichwort: **„Objektverwechslung"**)
X ⟶ Y
(mit Z verwechselt)

Behandlung: es kommt darauf an, ob sich die strafrechtliche Bewertung ändert, wenn die **Vorstellung des Täters** zutreffend wäre.

Bei Gleichwertigkeit des wirklichen mit dem vorgestellten Tatobjekt
(Mensch Y - Mensch Z):
unbeachtlicher Motivirrtum.

Bei Ungleichwertigkeit der verwechselten Tatobjekte
(Mensch Y - Schaufensterpuppe Z):
Tatbestandsirrtum gem. § 16: Versuch hinsichtlich des vermeintlichen und fahrlässige Tatbegehung strafbar hinsichtlich des getroffenen Opfers.

(vgl. z.B. Geppert Jura 92, 163ff; Herzberg JA 81, 369 ff; Koriath JuS 98, 215 ff.)

Aus: Schwind/Franke/Winter: Übungen im Strafrecht für Anfänger, 2000, S. 56

> *Zweites Beispiel*: Der Täter schlägt mit einem Hammer auf sein Opfer ein, gerät infolgedessen in einen seine Zurechnungsfähigkeit ausschließenden Blutrausch, in dem er den Tod des Opfers herbeiführt.

„Wenn der Täter während der Begehung einer vorsätzlichen Tat vor ihrer Vollendung infolge des durch diese Tat hervorgerufenen Affektes in eine die Zurechnungsfähigkeit ausschließende Bewußtseinsstörung (**Blutrausch**) gerät, und durch die in diesem Zustand begangenen **weiteren Ausführungshandlungen** den tatbestandsmäßigen Erfolg herbeiführt, so ist er nicht nur wegen versuchter, sondern wegen vollendeter Tat zu bestrafen, wenn **die Art der Vollendung nicht wesentlich von seiner Vorstellung im zurechnungsfähigen Zustand abweicht**" (BGH LM Nr. 8 zu § 51 a.F.).

Ist also bei Tatausführung, d.h. bei Herbeiführung des tatbestandsmäßigen Erfolges der Täter nicht schuldfähig, so kann die Tat aus dem Gesichtspunkt des sog. „dolus generalis" als vollendete Tat zu beurteilen sein, wenn die tatsächliche Herbeiführung des Erfolges von der vorgestellten nur unwesentlich abweicht.

cc) nur ausnahmsweise auf die Rechtswidrigkeit	cc) Auf die **Rechtswidrigkeit** hat sich der Vorsatz nur ausnahmsweise zu beziehen, wenn diese sich auf einen einzelnen **Tatumstand** bezieht (so „rechtswidriger" Vermögensvorteil in § 263; **BGHSt** 3, 101, 160, „sich zu Unrecht bereichert" in § 253, **BGHSt** 4, 105).
Worauf muß sich der Vorsatz nicht erstrecken?	Nicht dagegen hat sich der Vorsatz zu beziehen auf: – die objektiven Bedingungen der Strafbarkeit (Begriff vgl. oben S. 24; vgl. dazu schon **BGHSt** 1, 191; 4, 161; 6, 89; MDR 54, 371) – die Rechtswidrigkeit als allgemeines Verbrechensmerkmal.
b) Abgrenzung zur Fahrlässigkeit	b) Abgrenzung zur Fahrlässigkeit: Der Gesetzgeber hat den Begriff der „Fahrlässigkeit" nicht definiert. Lehre und Rechtsprechung unterscheiden zwischen **unbewusster** und **bewusster** Fahrlässigkeit. Fahrlässig handelte ein Täter, „wenn feststeht, daß er die Sorgfalt, zu der er nach den Umständen (obj.) und nach seinen persönlichen Kenntnissen und Fähigkeiten (subj.) verpflichtet (obj.) und imstande (subj.) war, außer acht gelassen

und infolgedessen entweder den Erfolg, den er bei Anwendung der pflichtgemäßen Sorgfalt hätte voraussehen können (Kausalität), nicht vorausgesehen hat (= **unbewußte Fahrlässigkeit**, neglegentia), oder den Eintritt des Erfolges zwar für möglich gehalten, aber darauf vertraut hat, er werde nicht eintreten (**bewußte Fahrlässigkeit**, luxuria)" (**RGSt** 6l, 320, ebenso **RGSt** 58, 134). Der BGH hat diese Definition, übernommen, vgl. **BGH NJW** 52, 635.

Im übrigen:

- fahrlässiges Handeln ist nur dann mit Strafe bedroht, wenn die Strafbarkeit ausdrücklich im Gesetz vorgesehen ist (§ 15) und
- bei Fahrlässigkeitsdelikten gibt es weder Versuch noch Teilnahme.

Einige Vorschriften (z.B. § 138 Abs. 2, § 178, § 251, § 306c, § 308 Abs.3) verlangen „leichtfertiges" Handeln.

Leichtfertigkeit: (§ 138 Abs. 3) kennzeichnet einen erhöhten Grad der Fahrlässigkeit, entspricht etwa der groben Fahrlässigkeit nach BGB, jedoch muß auch hier über den im BGB allein maßgeblichen objektiven Fahrlässigkeitsbegriff das strafrechtliche subjektive Element gegeben sein.

Bewußte Fahrlässigkeit und bedingter Vorsatz stehen einander sehr nahe, sind häufig schwer zu unterscheiden. Beiden gemeinsam: ist die Voraussicht, daß der Erfolg eintreten kann (**RGSt** 67, 116).

Entscheidendes Unterscheidungsmerkmal:
Der bedingt vorsätzlich handelnde Täter billigt den Erfolg, auf dessen Nichteintritt der bewußt fahrlässig Handelnde vertraut (**BGHSt** 7, 369 vgl. im Einzelnen **BGHSt** 36, 9 f).

Bewußte Fahrlässigkeit:
Der Täter hat darauf vertraut, daß der von ihm vorausgesehene Erfolg nicht eintreten werde. (Er sagt sich: „**Es wird schon gut gehen.**")

Bedingter Vorsatz:
Der Täter vertraut auf den Nichteintritt des vorausgesehenen Erfolges, will den Erfolg aber für den Fall seines Eintrittes und nimmt ihn billigend in Kauf. (Er sagt sich: „**Na wenn schon.**")

Vorsätzliches Unterlassen ist die **Entscheidung zwischen Untätigbleiben und möglichem Tun** zugunsten des Untätigbleibens (BGHSt 19, 299).
Dieser Vorsatz muß sich auf die Gesamtheit der objektiven TB-Merkmale unter Einschluß der eine Garantenstellung begründenden Umstände beziehen (BGH MDR 84, 795).

3. Unrechtsbewußtsein

3. Unrechtsbewußtsein
(Verbotskenntnis bzw. Verbotsirrtum)

Die Schuld des Täters ist aber erst dann gegeben, wenn er auch mit Unrechtsbewußtsein gehandelt hat, wenn er also das Bewußtsein der Rechtswidrigkeit der Tat hatte, d.h. dann, „wenn der **Täter weiß, das das, was er tut, nicht erlaubt, sondern verboten ist**" (BGHSt 2, 196).
(Täter braucht kein aktuelles Unrechtsbewußtsein gehabt zu haben, es reicht **potentielles** Unrechtsbewußtsein.)

a) Begriff und Wesen der Schuld

a) „Strafe setzt Schuld voraus. Schuld ist Vorwerfbarkeit. Mit dem Unwerturteil der Schuld wird dem Täter vorgeworfen, daß er sich nicht rechtmäßig verhalten hat, daß er sich für das Unrecht entschieden hat, obwohl er sich rechtmäßig verhalten, sich für das Recht hätte entscheiden können. Der innere Grund des Schuldvorwurfes liegt darin, daß der Mensch auf freie, verantwortliche sittliche Selbstbestimmung angelegt und deshalb befähigt ist, sich für das Recht und gegen das Unrecht zu entscheiden, sein Verhalten nach den Normen des rechtlichen Sollens einzurichten und das rechtlich Verbotene zu vermeiden, sobald er sittliche Reife erlangt hat und solange die Anlage zur freien sittlichen Selbstbestimmung nicht durch die in § 20 StGB genannten krankhaften Vorgänge vorübergehend gelähmt oder auf Dauer zerstört ist- Voraussetzung dafür, daß der Mensch sich in freier sittlicher Selbstbestimmung für das Recht und gegen das Unrecht entscheidet, ist die Kenntnis von Recht und Unrecht... Wer weiß, daß das, wozu er sich in Freiheit entschließt, Unrecht ist, handelt schuldhaft, wenn er es gleichwohl tut ..." (BGHSt 2, 100).

b) Verbotsirrtum (§ 17)

b) Fehlt das Unrechtsbewußtsein, so kann ein **Verbotsirrtum** vorliegen (= das Verhalten des Täters ist rechtswidrig, er hält es aber für erlaubt). Der Täter „weiß hier, was er tatbestandlich tut, nimmt aber irrig an, es sei erlaubt" (BGHSt Großer Senat 2, 194/197).

Näheres bei Übersicht 3 auf S. 52.

4. Zumutbarkeit
(Schuldausschließungsgründe)

Als viertes Schuldelement findet sich die ZUMUTBARKEIT; unter diesem Gesichtspunkt lassen sich die in den SCHULDAUSSCHLIESSUNGSGRÜNDEN niedergelegten Rechtssätze zusammenfassen: trotz Vorliegens von Vorsatz (bzw. Fahrlässigkeit) und Unrechtsbewußtsein kann die Schuld im Einzelfall entfallen, weil dem Täter ein rechtsrichtiges Verhalten im besonderen Fall **nicht zugemutet** werden konnte, d.h. wenn Schuldausschließungsgründe eingreifen.

Gesetzlich geregelte Schuldausschließungsgründe:

a) **der unvermeidbare Verbotsirrtum** (vgl. § 17), vgl. S. 53

b) **Notwehrexzeß (§ 33 StGB)**
„§ 33 begründet Straffreiheit für einen rechtswidrig Angegriffenen, der in Überschreitung seiner Notwehrbefugnisse den Angreifer aus den dort genannten (asthenischen) Affekten verletzt oder gar tötet. Ob ihm dabei Fahrlässigkeit zur Last fällt, ist unerheblich" (**BGH NStZ 93, 334**).

„**Nur die in § 33 aufgezählten Erregungsgründe** vermögen einen entschuldigenden Notwehrexzeß zu begründen, **nicht auch andere**; sog. **asthenische Affekte wie Wut, Zorn oder Kampfeseifer kommen also nicht in Betracht**; ihr Hinzukommen hindert aber die Anwendung von § 33 nicht, wenn die dort genannten Affekte in einem **Motivbündel dominieren**" (BGHSt 3, 198).

Weitere Rechtsprechung:
BGHSt 39, 138: „Ein entschuldigtes Überschreiten der Notwehr im Sinne von § 33 StGB kommt nicht in Betracht, wenn der **Täter sich planmäßig** in eine tätliche Auseinandersetzung mit seinem Gegner eingelassen hat, um unter Ausschaltung der erreichbaren Polizei einen ihm angekündigten Angriff mit eigenen Mitteln abzuwehren und die Überhand über seinen Gegner zu gewinnen."

BGHSt 39, 139: „§ 33 StGB begründet Straffreiheit für einen rechtswidrig Angegriffenen, der in Überschreitung seiner Notwehrbefugnisse den Angreifer aus den dort genannten (asthenischen) Effekten verletzt oder gar tötet. Ob ihm dabei **Fahrlässigkeit** zur Last fällt, ist unerheblich. § 33 StGB gilt auch **bei bewusster Überschreitung** der Notwehr."

Aufbaustufen

c) entschuldigender Notstand	c) **Der entschuldigende Notstand (§ 35 StGB)** Die Vorschrift regelt einen Entschuldigungsgrund und scheidet daher aus, sobald § 34 (rechtfertigender Notstand, vgl. S. 29) erfüllt ist.
Voraussetzungen	Nach Abs. 1 Satz 1 müssen folgende **Voraussetzungen** erfüllt sein:

- eine **Notstandslage**, nämlich eine **gegenwärtige**, nicht anders abwendbare **Gefahr** für eines der in § 35 genannten Rechtsgüter (§ 34 erfaßt im Unterschied dazu jedes Rechtsgut); hinzukommen muß eine **persönliche Nähebeziehung** („nahestehende Person" ist gefährdet oder Täter selbst);
  BGH GA 67, 113 zu „**gegenwärtig**": ein Zustand, der nach menschlicher Erfahrung bei natürlicher Weiterentwicklung der gegebenen Sachlage den Eintritt einer Schädigung sicher oder doch höchstwahrscheinlich macht, wenn nicht unverzüglich eine Abwehrmaßnahme ergriffen wird.

- eine **Notstandshandlung**, die **erforderlich** („nicht anders abwendbar") ist, d.h. geeignet ist und das relativ mildeste Mittel darstellt sowie **verhältnismäßig** ist (kein offensichtliches Mißverhältnis besteht). „Je **gravierender** die mit der Rettungshandlung verbundene Rechtsgutsverletzung ist, desto sorgfältiger muß der Täter die Möglichkeiten eines anderen Auswegs prüfen" (Wessels/Beulke 2000, 156).

> Unter diesen Voraussetzungen kann jedoch selbst die Tötung eines Menschen entschuldigt sein, etwa dann, wenn ein Schiffbrüchiger einen anderen von der rettenden Planke stößt, weil diese nur einen trägt (vgl. das „Brett des Kaneades").

- dem Täter **nicht zuzumuten** war, die Gefahr hinzunehmen (Abs. 1 Satz 2). Prüfen: Hat er die Gefahr etwa selbst verursacht?

  Beispiele: A überredet B zur Bergtour und läßt ihn bei Unwetter im Stich, um sein eigenes Leben zu retten) oder bestehen besondere Rechtspflichten (z.B. für Bergführer, Polizeibeamte, Feuerwehr)?

- **Rettungswille** als subjektives Element: Kenntnis der Gefahrenlage.

Begriff

D. Überblick über die Fälle des Irrtums

Beim Irrtum fallen Vorstellung und Realität auseinander.

I. Die vier Grundformen des Irrtums

- der Tatbestandsirrtum,
- der Verbotsirrtum,
- der umgekehrte Tatbestandsirrtum und
- der umgekehrte Verrbotsirrtum.

> **Übersicht 3: Beispiele für die vier Grundformen des Irrtums**
>
> **Tatbestandsirrtum** = Irrtum über ein Tatbestandsmerkmal.
>
> *Beispiel*: A nimmt in der Wohnung des B ein Buch an sich, von dem er irrig meint, es sei seins (Irrtum über das Tatbestandmerkmal „fremd").
>
> **Verbotsirrtum** = Irrtum über die Rechtswidrigkeit, d.h. der Täter „weiß, was er (tatbestandlich) tut, nimmt aber irrig an, es sei erlaubt" (BGHSt GrS. 2, 194, 197).
>
> *Beispiel*: Einvernehmlicher Geschlechtsverkehr mit einer 13jährigen in der irrigen Annahme, dass das Opfer nur bis zum 12. Lebensjahr geschützt sei.
>
> **Umgekehrter Tatbestandsirrtum** = irrige Annahme eines in Wirklichkeit nicht vorhandenen Tatumstandes.
>
> *Beispiel*: Das Buch, das A dem B wegnimmt, ist zwar seines, aber er meint, dass es B gehört (untauglicher Versuch, vgl. S. 64).
>
> **Umgekehrter Verbotsirrtum** = irrige Annahme, das Verhalten falle unter eine Verbotsnorm, die aber nur in der eigenen Phantasie existiert.
>
> *Beispiel*: Der Angeklagte A sagt vor Gericht falsch aus in der irrigen Annahme, dass das strafbar sei; der Angeklagte darf lügen, der Zeuge nicht. (strafloses Wahndelikt, vgl. S. 65)

Aufbaustufen

1. Tatbestands-Irrtum

1. Zum Tatbestandsirrtum

Der Tatbestandsirrtum lässt den Vorsatz entfallen (§ 16); ist die fahrlässige Begehungsweise unter Strafe gestellt, kommt eine Bestrafung wegen Fahrlässigkeit in Frage, sofern deren Voraussetzungen vorliegen (vgl. S. 47).

2. Verbotsirrtum

2. Zum Verbotsirrtum

Das geltende Recht folgt bzgl. der Behandlung dieses Irrtums der Schuldtheorie, die diesen Namen dem Umstand verdankt, „daß sie im aktuellen oder potentiellen Unrechtsbewußtsein ein (vom Tatbestandvorsatz getrenntes) selbständiges Schuldelement erblickt. Nach dieser Theorie berührt das Fehlen der Unrechtseinsicht als Verbotsirrtum nicht den ‚Vorsatz', sondern nur die ‚Schuld'. Die Rechtsfolgen dieses Irrtums hängen (**nach § 17**) von seiner Vermeidbarkeit ab:

– bei **unvermeidbarem Irrtum** handelt der Täter ohne Schuld und ist straflos,

– bei **vermeidbarem Irrtum** handelt der Täter schuldhaft und strafbar; die Strafe kann aber nach § 49 Abs. 1 gemildert werden.

Die Rechtsprechung stellt an die Unvermeidbarkeit des Irrtums hohe Anforderungen.

Rechtsprechung zur Vermeidbarkeit bzw. Unvermeidbarkeit:
OLG Celle NJW 77, 1644: „Ein Verbotsirrtum läßt gemäß § 17 StGB die Strafbarkeit nur entfallen, wenn der Täter diesen Irrtum nicht vermeiden konnte. Dazu wiederum gehört, daß er keine reale Möglichkeit hatte, sich durch Nachdenken oder durch zumutbare Erkundigungen bei Dritten die nötige Klarheit über die rechtliche Qualität seines Verhaltens zu verschaffen (vgl. dazu insb, Rudolphi, in: SKStGB AT, § 17 Rn 24 ff)."

BGHSt 2, 201 f: „Das Bewußtsein, Unrecht zu tun, kann im Einzelfall auch dem zurechnungsfähigen Menschen fehlen, weil er die Verbotsnorm nicht kennt oder verkennt. Auch in diesem Fall des Verbotsirrtums ist der Täter nicht in der Lage, sich gegen das Unrecht zu entscheiden. **Aber nicht jeder Verbotsirrtum schließt den Vorwurf der Schuld aus. Mängel im Wissen sind bis zu einem gewissen Grade behebbar.** Der Mensch ist, weil er auf freie sittliche Selbstbestimmung angelegt ist, auch jederzeit in die verantwortliche Entscheidung gerufen, sich als Teilhaber der Rechtsgemeinschaft rechtmäßig zu verhalten und das Unrecht zu vermeiden. Dieser Pflicht genügt er nicht, wenn er nur das nicht tut, was ihm als Unrecht klar vor Augen steht. Vielmehr hat er bei allem, was er zu tun im Begriff steht, sich bewußt zu machen, ob es mit den Sätzen des rechtlichen Sollens in Erklang steht. **Zweifel hat er durch Nachdenken oder Erkundigungen zu beseitigen.** Hierzu bedarf es der Anstrengung des Gewissens. Ihr Maß richtet sich nach den **Umständen des Falles und nach dem Lebens- und Berufskreis des einzelnen**. Wenn er trotz der ihm danach zuzumutenden Anstrengung des Gewissens die Einsicht in das Unrechtmäßige seines Tuns nicht zu gewinnen vermochte, war der **Irrtum unüberwindlich**, die Tat für ihn nicht vermeidbar. In diesem Fall kann ein Schuldvorwurf gegen ihn nicht erhoben werden. Wenn dagegen **bei gehöriger Anstrengung des Gewissens der Täter das Unrechtmäßige seines Tuns hätte erkennen können**, schließt der Verbotsirrtum die Schuld nicht aus. Je nach dem Maß, in dem es der Täter an der gehörigen Gewissensanspannung hat fehlen lassen, wird der Schuldvorwurf aber gemindert.

BGH NJW 66, 842: „Der Irrtum ist unüberwindlich, wenn der Täter trotz der ihm nach den Umständen des Falles, seiner Persönlichkeit sowie seinem Lebens- und Berufskreis zuzumutenden Anspannung des Gewissens die Einsicht in das Unrechtmäßige seines Handelns nicht zu gewinnen vermochte (BGHSt 2, 191, 201, 593). Das setzt voraus, daß er alle seine geistigen Erkenntniskräfte eingesetzt und etwa auftauchende **Zweifel durch Nachdenken** und erforderlichenfalls durch Einholung von Rat beseitigt hat (BGHSt 4, 1; 1964). Hätte der Täter bei gehöriger Anspannung des Gewissens das Unrechtmäßige seines Tuns erkennen können, so ist sein Verbotsirrtum verschuldet. Dabei sind an den Täter **höhere Anforderungen** zu stellen als hinsichtlich der Beobachtung der im Verkehr erforderlichen und dem Täter zuzumutenden Sorgfalt bei den Fahrlässigkeitsdelikten (BGHSt 4, 236). Auch an die neben der Pflicht zu eigener Prüfung in den meisten Fällen bestehende Erkundigungspflicht (BGHSt 2, 201; 4, 5; 5, 284) sind **strenge Maßstäbe** anzulegen. Es ist ferner zu beachten, daß der Täter sich der ihm obliegenden persönlichen Entscheidung über Recht oder Unrecht seines Tuns nicht **schlechthin dadurch entziehen kann, daß er eine Meinungsäußerung eines Rechtskundigen einholt**."

BGHSt 40, 264: „Zwar schließt die **Rechtsauskunft einer verlässlichen Person** der Vermeidbarkeit eines Verbotsirrtums in der Regel aus,; zuverlässig in diesem Sinn ist eine zuständige, sachkundige, unvoreingenommene Person, die mit der Erteilung der Auskunft keinerlei Eigeninteresse verfolgt und die Gefahr für eine objektive, sorgfältige, pflichtgemäße und verantwortungsbewußte Auskunftserteilung bietet (vgl. S/S-Cramer, StGB 24. Aufl. § 17 Rn 18; vgl. auch BGHR StGB § 17 Veremidbarkeit 3)."

3. Untauglicher Versuch

3. Zum untauglichen Versuch vgl. S. 64

4. Wahnverbrechen

4. Zum Wahndelikt vgl. S. 65

II. Irrtum über Rechtfertigungsgründe

II. Irrtum über Rechtfertigungsgründe

Neben dem Tatbestandsirrtum (§ 16) und dem Verbotsirrtum (§ 17) nimmt der im Gesetz nicht geregelte Irrtum über Rechtfertigungsgründe eine Sonderstellung ein.
Zu unterscheiden ist

- der Irrtum über die tatsächlichen Voraussetzungen eines (anerkannten) Rechtfertigungsgrundes (sog. „**Erlaubnistatbestandsirrtum**") vom

- Irrtum über die Grenzen eines (anerkannten) Rechtfertigungsgrundes (sog. „**Erlaubnisirrtum**")

Übersicht 4: Irrtum über Rechtfertigungsgründe

Erlaubnistatbestandsirrtum = der Täter irrt sich über die tatsächlichen Voraussetzungen eines Rechtfertigungsgrundes.

Beispiel: A glaubt, B wolle ihn angreifen und schlägt ihn deshalb in Verteidigungsabsicht zu Boden. A irrt sich über das Tatbestandsmerkmal „Angriff", das in § 32 die Voraussetzung für Notwehr ist (sog. **Putativnotwehr**, vgl. S. 55).

Erlaubnisirrtum = der Täter irrt sich über die Grenzen eines (anerkannten) Rechtfertigungsgrundes.

Beispiel: Täter A meint, er dürfe jedes Verteidigungsmittel benutzen oder geht davon aus, dass er den Angreifer auch noch nach der endgültigen Beendigung des Angriffs weiter verletzen darf.

(Dazu BGHSt 45, 378 und BGH NStZ 03,596).

1. Erlaubnistat-
bestandsirrtum

1. Zum Erlaubnistatbestandsirrtum

Frage: wie ist dieser gesetzlich nicht geregelte Irrtum rechtlich zu behandeln?

Nach der **Vorsatztheorie** (vertreten noch von Schmidhäuser, AT, 2. Aufl. Kap. 7, Nr. 82 ff) gehört das Unrechtsbewußtsein zum Vorsatz: fehlt es, **entfällt dementsprechend der Vorsatz**; der Gesetzgeber (vgl. § 17) hat sich aber gegen die Vorsatztheorie entschieden.

a) Nach der **strengen Schuldtheorie** (vertreten z.B. von Welzel 11. Aufl., § 22 III I f) stellt das Unrechtsbewußtsein ein selbständiges Schuldelement dar mit der Folge, daß das Fehlen des Unrechtsbewußtseins den Vorsatz unberührt läßt und zum **Verbotsirrtum** führt: § 17 mit der Frage der **Vermeidbarkeit** (vgl. oben beim Verbotsirrtum).

b) Nach der **eingeschränkten Schuldtheorie** (vertreten z.B. von S/S-Rdnr. 16 ff zu § 16 und von der Rechtsprechung: **BGHSt 3, 105, 106 f** und **BayObLG NJW 55, 1848**) ist die irrige Annahme der tatsächlichen Voraussetzungen eines Rechtfertigungsgrundes dem **Tatbestandsirrtum gleichzustellen** und § 16 Abs. 1 StGB analog anzuwenden: d.h. der Vorsatz entfällt.

BGHSt 3, 105/107: „Der im Irrtum über den wahren Sachverhalt handelnde Täter ist an sich **rechtstreu**; er will die Rechtsgebote befolgen und verfehlt dieses Ziel nur wegen seines Irrtums über die Sachlage, aus der sein Handeln erwächst. Dieser Irrtum hindert ihn, in der Regel, die Gefahr eines Rechtsverstoßes überhaupt zu erkennen. Deshalb trifft auf ihn der Gedanke des § 59 (a.F. = § 16 n.F.) StGB zu, ihm nicht die wirkliche, sondern zu seinen Gunsten nur die irrig angenommene Sachlage zuzurechnen- Zwar ist auf dem Gebiet der Rechtfertigungsgründe die Unterscheidung zwischen dem nur Tatsächlichen und einem rechtlichen Schluß aus Tatsachen mitunter schwierig, aber doch nicht in der Weise, daß es sich rechtfertigen ließe, diese Fälle, die dem Tatirrtum regelmäßig weit näher stehen als dem bloßen Verbotsirrtum, nicht auch als Tatirrtum zu behandeln."

c) Die **rechtsfolgenverweisende Schuldtheorie** (vertreten z.B. von Jescheck, AT, § 41 III 2 d) gelangt zu dem Ergebnis der eingeschränkten Schuldtheorie, will aber die Rechtsfolge der Vorsatztat entfallen lassen (zu prüfen bleibt **Fahrlässigkeit**). Die Anhänger der **Lehre von den negativen Tatbestandsmerkmalen** (z. B. Samson in SK, Rdnr. 9 vor § 32) wenden § 16 Abs. 1 unmittelbar an: **Vorsatz entfällt**.

Übersicht 5: Der Erlaubnistatbestandsirrtum

Erlaubnistatbestandsirrtum = Irrtum über die tatsächlichen Voraussetzungen eines von der Rechtsordnung anerkannten Rechtfertigungsgrundes	Vorsatztheorie	Vorsatzausschluß ggf. Fahrlässigkeitsstrafbarkeit
	strenge Schuldtheorie	Vorsatz bleibt bestehen; bei Unvermeidbarkeit des Irrtums greift der Schuldausschließungsgrund des § 17 S. 1 ein
	eingeschränkte Schuldtheorie	Vorsatzausschluß nach § 16 Abs.1 S. 1 analog; ggf. Fahrlässigkeitsstrafbarkeit
	rechtsfolgenverweisende Schuldtheorie	Vorsatz bleibt bestehen; Vorsatzschuld entfällt, nach § 16 Abs.1 S. 1 analog ist die Bestrafungsmöglichkeit aus dem Vorsatzdelikt ausgeschlossen; ggf. Fahrlässigkeitsstrafbarkeit
	Lehre von den negativen Tatbestandsmerkmalen	Vorsatzausschluß nach § 16 Abs.1 S. 1 (unmittelbar); ggf. Fahrlässigkeitsstrafbarkeit

Aus: Schwind/Franke/Winter: Übungen im Strafrecht für Anfänger, 2000, S. 86

2. Erlaubnis- irrtum	**2. Zum Erlaubnisirrtum** Der Irrtum über die Grenzen eines anerkannten Rechtfertigungsgrundes („Erlaubnisirrtum") wird nach den Regeln des Verbotsirrtums (§ 17) behandelt (vgl. oben S. 53: Frage der Vermeidbarkeit).
3. umgekehrter Verbotsirrtum = Wahnver- brechen	**3. Umgekehrter Verbotsirrtum = Wahnverbrechen** Nach der vom BGH vertretenen eingeschränkten Schuldtheorie ist folgerichtig der Irrtum über das Verbotensein einer Handlung der Art, daß der Täter eine nicht unter einen Straftatbestand fallende Handlung für strafbar hält („umgekehrter Verbotsirrtum') als WAHNVERBRECHEN **straflos**. Es kann dem Täter nicht irgendwie angelastet werden, daß er in seinem Vorstellungsbild eine von der Rechtsordnung nicht für strafwürdig angesehene Handlung für strafbar hält, diese Handlung ist daher strafrechtlich indifferent.

E. Der Versuch (§§ 22 ff)

Jede vorsätzliche Straftat durchläuft mehrere Stufen der Willensverwirklichung: Vom Tatentschluß bis zur Vollendung bzw. bis zur Beendigung des Delikts:

Eine Straftat reicht

- vom Tatentschluß, eine solche zu begehen (z.B. einen Einbruch: §§ 242, 243 Abs. 1 Nr. 1),

- über die **Vorbereitung** (z.B. Besorgen einer Leiter),

- den **Anfang der Ausführung** (z.B. Anlegen der Leiter an das für das Einsteigen vorgesehene Fenster),

- bis zur **Vollendung** der Tat (Wegnahme von fremden beweglichen Sachen aus dem Haus) und

- zur **Beendigung** des Delikts: Beute in Sicherheit bringen, z.B. in eigener Wohnung oder in einem anderen Versteck; dazu BGH NStZ 01,88: „Erst wenn der Täter begründete neue Gewahrsam eine gewissen Festigung und Sicherung" erreicht hat, ist das Delikt beendet (vgl. dazu S. 96)

Klausurrelevant sind:

- die Abgrenzung zwischen der bloßen (straflosen) Vorbereitungshandlung und dem (mit Strafe bedrohten) Versuch,

- die Unterscheidung zwischen tauglichem und untauglichen Versuch,

- der Rücktritt vom Versuch,

- die „tätige Reue",

- sowie die Beteiligung nach der vollendeten Tat.

I. Zur Strafbarkeit des Versuchs

Wann ist der Versuch strafbar?

Bei Verbrechen stets, bei Vergehen nur, wenn das Gesetz dies ausdrücklich bestimmt (vgl. § 23 Abs. 1),

Wann ist eine Handlung Verbrechen, wann Vergehen?

Das ergibt sich aus § 12:

(1) Verbrechen sind rechtswidrige Taten, die im Mindestmaß mit Freiheitsstrafe von einem Jahr oder darüber bedroht sind.

(2) Vergehen sind rechtswidrige Taten, die im Mindestmaß mit einer geringeren Freiheitsstrafe oder die mit Geldstrafe bedroht sind.

(3) Schärfungen oder Milderungen, die nach den Vorschriften des Allgemeinen Teils oder für besonders schwere oder minder schwere Fälle vorgesehen sind, bleiben für die Einteilung außer Betracht:
Beispiele: **Strafbar** ist der Totschlagversuch gem. §§ 212, 23 Abs.1, 12 Abs.1; strafbar ist auch der Körperverletzungsversuch gem. §§ 303 Abs. 2, 23 Abs. 1, 12 Abs.2; **straflos** bleibt aber die versuchte Beleidigung (§§ 185, 23 Abs.1, 12 Abs. 2), weil die Beleidigung kein Verbrechen ist und die Strafbarkeit des Versuchs nicht im Gesetz vorgesehen ist.

II. Wesenselemente des Versuchs

Wann kommt nun ein Versuch in Betracht?

Ein Versuch liegt vor, wenn folgende drei Wesenselemente vorliegen (vgl. § 22):

1. **Der Tatentschluß** muß sich beziehen auf
   - alle objektiven Tatbestandsmerkmale sowie auf
   - alle sonstigen subjektiven Tatbestandsmerkmale wie etwa die „Absichten" in den §§ 242 (Zueignungsabsicht), 253, 259 und 263.

   Der Tatentschluß muß **endgültig** gefasst sein (BGH StV 87, 528). Das ist nicht der Fall, wenn die Entscheidung über das „Ob" der Tat noch nicht gefallen ist, wenn es also noch an der Tatentschlossenheit fehlt (BGH aaO).

2. **Unmittelbares Ansetzen zur Tatbestandsverwirklichung:** der Täter muß danach aus seiner Sicht (also **subjektiv**) die Schwelle zum „Jetzt-geht-es-los" überschritten und

Versuch

objektiv zur tatbestandsmäßigen Angriffshandlung angesetzt haben (BGH NStZ 97, 83; BGH wistra 02, 263); zur Abgrenzung von der straflosen Vorbereitungshandlung vgl. unten.

3. **Fehlen der Tatvollendung:** wenn der objektive Tatbestand nicht oder nicht vollständig erfüllt ist.

Abgrenzung:
Vorbereitungshandlung-
Versuch

III. Abgrenzung zwischen Vorbereitungshandlung und Versuch

1. Grundsatz

Nach § 22 StGB liegt der Versuch einer strafbaren Handlung dann vor, wenn der Täter **nach seiner Vorstellung von der Tat zur Verwirklichung des Tatbestands unmittelbar ansetzt.** Das ist, wie der BGH wiederholt entschieden hat, nicht erst dann der Fall, wenn der Täter ein Tatbestandsmerkmal verwirklicht, sondern **schon dann, wenn** er Handlungen vornimmt, die nach seinem Tatplan der Erfüllung eines Tatbestandsmerkmals vorgelagert sind und in die **Tatbestandshandlung** unmittelbar **einmünden** (BGH NStZ 06, 331). Das Versuchsstadium erstreckt sich auf Handlungen, die im ungestörten Fortgang unmittelbar zur Tatbestandserfüllung führen sollen oder die im unmittelbaren räumlichen und zeitlichen Zusammenhang mit ihr stehen. Dies ist dann der Fall, wenn der Täter subjektiv **die Schwelle zum „jetzt geht es los"** überschreitet und objektiv zur tatbestandsmäßigen Angriffshandlung ansetzt (vgl. BGHSt 26, 201 [202] = NJW 76, 58 m.w.Nachw.; BGHSt 28, 162, 163; BGH, GA 80, 24). Die Rechtsprechung **(BGH** aaO.) verlangt zwar, daß das Tun des Täters ohne Zwischenakte in die Tatbestandserfüllung übergehen soll. Es kann dahinstehen, was alles vom Begriff des Zwischenaktes umfaßt wird. Dazu gehören jedenfalls nicht solche Handlungen, die wegen ihrer notwendigen Zusammengehörigkeit mit der Tathandlung nach dem Plan des Täters als deren Bestandteil erscheinen, weil sie an diese zeitlich und räumlich angrenzen und mit ihr im Falle der Ausführung eine natürliche Einheit bilden.

Dazu drei weitere BGH-Entscheidungen:

BGHSt 30, 363, 364: „Eine Straftat versucht, wer nach seiner Vorstellung von der Tat zur Verwirklichung des Tatbestandes unmittelbar ansetzt (§ 22 StGB). Die **Grenze**

von der Vorbereitungshandlung zum Versuch wird nicht erst überschritten, wenn der Täter ein Tatbestandsmerkmal verwirklicht, sondern schon dann, wenn er Handlungen vornimmt, die nach seinem Tatplan der Erfüllung eines Tatbestandsmerkmals **vorgelagert** sind, in die Tatbestandshandlung unmittelbar einmünden und das **geschützte Rechtsgut** - nach der Vorstellung des Täters - in eine **konkrete Gefahr bringen**. Ein Versuch liegt deshalb vor, wenn der Täter **Handlungen** begeht, die im **ungestörten Fortgang unmittelbar zur Tatbestandserfüllung** führen sollen oder die im **unmittelbaren räumlichen und zeitlichen Zusammenhang** mit ihr stehen (BGHSt 28, 162, 163 ...). Demnach der Vorstellung des Täters **„unmittelbaren Einmünden"** seiner Handlungen in die Tatbestandsverwirklichung kommt dabei entscheidende Bedeutung zu."

„jetzt geht's los" | BGH NStZ 00, 415: „Eine Straftat versucht, wer subjektiv die Schwelle zum „jetzt geht's los" überschreitet und objektiv zur tatbestandsmäßigen Angriffshandlung ansetzt, so dass sein Tun ohne Zwischenakte in die Tatbestandserfüllung übergeht. Bedarf es eines weiteren Willensimpulses, damit das Tun des Täters unmittelbar in die Tatbestandshandlung einmündet, liegt noch keine Versuchstat vor."

BGH NStZ 04, 39: „Eine Straftat versucht, wer nach seiner Vorstellung von der Tat zur Verwirklichung des Tatbestands unmittelbar ansetzt. Dafür ist nicht erforderlich, dass der Täter bereits ein Tatbestandsmerkmal verwirklicht. Es genügt, dass er Handlungen vornimmt, die nach seinem Tatplan der Verwirklichung eines Tatbestandsmerkmals **unmittelbar vorgelagert** sind und im Fall des ungestörten Fortgangs ohne Zwischenakte in die Tatbestandshandlung unmittelbar einmünden. Das ist der Fall, wenn der Täter subjektiv die Schwelle zum **„jetzt geht es los"** überschreitet, **es eines weiteren „Willensimpulses" nicht mehr bedarf** und er objektiv zur tatbestandsmäßigen Angriffshandlung ansetzt (st. Rspr.; BGHSt 26, 201, 202f; 48, 34, 35f mwN). **Nach diesen Kriterien fehlt** es schon an einem engen zeitlichen Zusammenhang mit den Tatbestandshandlungen des Raubes, da die Angeklagten mehr als einen Tag vor dem geplanten Überfall in die Bank eindrangen, die Räumlichkeiten **„präparierten"** und die Bank wieder verließen. Darin liegt nur eine **straflose Vorbereitungshandlung**. Aber auch mit der Fahrt zur Sparkasse am Sonntagabend haben die Angeklagten nicht unmittelbar zur Tatbestandsverwirklichung angesetzt, weil noch weitere erhebliche Zwischenschritte erforderlich waren. Denn sie hätten zunächst in die „vorbereiteten" Bankräume eindringen und dort auf das Eintreffen der Bankmitarbeiter am nächsten Morgen warten müssen, um

Versuch

sie in ihre Gewalt zu bringen. Ein „Zurück" war für die Täter, die sich zu diesem Zeitpunkt außerhalb der Bank befanden, noch ohne weiteres möglich, eine konkrete Gefährdung der des § 250 StGB geschützten Rechtsgüter war noch nicht gegeben. Die Angeklagten haben sich jedoch einer Verabredung zum schweren Raub schuldig gemacht (§§ 30 II, 250 II N.r. 1 StGB). Der geplante Einsatz einer geladenen **Schreckschußwaffe** stellt die beabsichtigte Verwendung einer Waffe i.S. von § 250 II Nr. 1 StGB dar. (Beschl. des Großen Senats für Strafsachen des BGH v. 4.2.2003 - GSSt 2/02, NJW 03, 1677)."

2. Beispiele für Versuch

- Vergiftung des Hofhundes, um dann ungestört wegnehmen zu können (**RGSt** 53, 218);

- Einschleichen auf den Boden eines Hauses in diebischer Absicht (**RGSt** 54, 254);

- Mitnahme von Kindern in den Wald zwecks Unzucht (**RGSt** 62, 185);

- bei Klingeln an der Tür des sofort beim Öffnen zu Beraubenden (**BGHSt** 26, 201; vgl. dazu auch **BGHSt** 26, 201 und **BGH NStZ** 84, 506);

- wenn sich der Taschendieb im Gedränge zwischen andere Personen schiebt und deren Taschen nach ihrem Inhalt abtastet (**BGH MDR** 58, 12);

- tätlicher Angriff auf Begleiter des Opfers (**BGHSt** 3, 299);

- Präparierung des Opferfahrzeugs für eine überfallermöglichende Panne (**BGH NJW** 80, 1759);

- Anlegen einer Schusswaffe und Zielen auf das Opfer (**BGH NStZ** 93, 133);

- Betreten des Wohnzimmers, wenn das potentielle Tötungsopfer in einem angrenzenden Raum schläft (**BGH NStZ-RR** 98, 203);

- Einsatz von Schlägen, die den Widerstand des Opfers brechen sollen, um diesem eine tödliche Luftinjektion zu verabreichen (**BGH NStZ** 02, 475).

3. Kein Versuch, sondern nur (straflose) Vorbereitungshandlung

liegt nach der Rechtsprechung z.B. vor:

- bei bloßem Lauern auf das noch abwesende Opfer (**BGH MDR 73, 728; StV 89, 526**);
- wenn das Klingeln nur dazu dient, die Anwesenheit des erst später zu Beraubenden festzustellen (**BGH GA 71, 55**);
- bei Vorfahren vor der Bank ohne bereits die Waffen hervorgeholt und die Maske übergestreift zu haben (**BGH MDR 78, 985**);
- bei Beschaffung von Nachschlüsseln (**BGHSt 28, 162**),
- Hinschaffen von Tatwerkzeugen zum Tatort (**BGH NStZ 89, 473**).

Strafbar sind Vorbereitungshandlungen nur in Ausnahmefällen: vgl. z.B. §§ 83, 129 Abs.1, 149 Abs.1, 234a Abs.3.

Liegt Versuch vor, so prüfen, ob der Versuch tauglich oder untauglich war	# IV. Tauglicher und untauglicher Versuch

Beim untauglichen Versuch irrt sich der Täter über das Vorliegen eines objektiven Tatbestandsmerkmals: umgekehrter Tatbestandsirrtum (dazu BGHSt 42, 268).

Wir unterscheiden folgende Arten des untauglichen Versuchs

> - Versuch am untauglichen Objekt
>
> - Versuch mit untauglichen Mitteln
>
> - Versuch mit untauglichen Mitteln am untauglichen Objekt

Versuch am untauglichen Objekt	*Beispiel*: Tötungsversuch an einer Leiche (RGSt 1, 450; BGH NStZ 98, 507)
Versuch mit untauglichen Mitteln	*Beispiel*: Verabreichung einer harmlosen Substanz in der Annahme, der Stoff sei gesundheitsschädlich.

Versuch

Versuch mit untauglichen Mitteln am untauglichen Objekt	*Beispiel*: Abtreibungsversuch an Nichtschwangerer mit harmlosen Kopfschmerztabletten (**RGSt** 34, 217).
Strafbarkeit des untauglichen Versuches	Die **Strafbarkeit** des untauglichen Versuchs ergibt sich aus § 23 Abs.3 (dazu auch **BGHSt** 40, 299, 302). Nach dieser Vorschrift kann das Gericht von Strafe absehen oder die Strafe nach § 49 Abs.2 mildern, wenn der Täter aus „grobem Unverstand" verkannt hat, dass er seine Tat wegen der Untauglichkeit des Objekts oder Mittels bzw. beider „überhaupt nicht zur Vollendung führen konnte".
	„**Grober Unverstand**" bedeutet eine völlig abwegige Vorstellung von gemeinhin bekannten Ursachenzusammenhängen, wie etwa die Annahme, mit einer Schreckschusspistole ein Flugzeug abschießen zu können (Wessels/Beulke 2005, 231; vgl. auch **BGHSt** 40, 299, 302).
strafloses Wahnverbrechen	Beim **Wahnverbrechen** irrt sich der Täter nicht über einen tatsächlichen Umstand wie beim untauglichen Versuch, sondern er irrt sich über die Strafbarkeit des Handelns. Er hält sein Handeln irrtümlich für strafbar: umgekehrter Verbotsirrtum (vgl. **BGH** JR 94, 510): vgl. oben S. 52.
	Beispiel: der Angeklagte A sagt vor Gericht falsch aus in der Annahme, dass das strafbar sei. Die §§ 153 ff sehen dafür aber keine Strafbarkeit vor: Der Angeklagte (nicht der Zeuge!) darf vor Gericht die Unwahrheit sagen, ohne sich strafbar zu machen.
	Daß der umgekehrte Tatbestandsirrtum (untauglicher Versuch) mit Strafe bedroht ist (§ 23 Abs. 3), während der umgekehrte Verbotsirrtum (Wahnverbrechen) straflos bleibt, hat damit zu tun, dass der Täter des Wahnverbrechens nicht rechtsfeindlich eingestellt ist.

V. Behandlung der Sonderfälle des Versuchs

1. **bei mittelbarer Täterschaft**: Versuch beginnt spätestens, wenn das „Werkzeug" des Hintermannes zur Ausführung der Tatbestandshandlung ansetzt (vgl. **BGHSt** 4, 270/277 f).

2. **bei Mittäterschaft**: Im Fall der Mittäterschaft treten alle Mittäter einheitlich in das Versuchsstadium, sobald einer von ihnen zur Ausführungshandlung unmittelbar ansetzt,

und zwar unabhängig davon, ob ... einer von ihnen seinen Tatbeitrag schon im Vorbereitungsstadium erbracht hat (BGH MDR 90, 66).

VI. Der Rücktritt vom Versuch (§ 24)

Der Rücktritt vom Versuch ist **persönlicher Strafaufhebungsgrund** (persönliches Merkmal i.S.d. § 28 Abs.2): d.h. gilt nur für den Rücktretenden, nicht für die anderen Teilnehmer (**RGSt 59, 413; BGH StV 82, 1**); er ist also kein Rechtfertigungsgrund, schließt auch nicht die Schuld aus (**RGSt 72, 350**). **Rücktritt daher immer erst nach Rechtswidrigkeit und Schuld prüfen!**

Wir unterscheiden:

Den Rücktritt vom nicht beendeten Versuch (§ 24 Abs. 1 S. 1, erste Alt. StGB)	Die tätige Reue nach beendetem Versuch (§ 24 Abs. 1 Satz 1, zweite Alt. StGB)

1. der Rücktritt vom unbeendeten Versuch (erste Alt.)

1. Der Rücktritt vom nicht beendeten Versuch (§ 24 Abs. 1 Satz 1, erste Alt.)

Beispiel: Der Täter zielt auf das Opfer mit einer Pistole. Wie kann er zurücktreten?

a) Voraussetzungen

a) Voraussetzungen des Rücktritts

aa) Es muß sich um einen **nicht beendeten** Versuch handeln.
Nicht beendet ist der Versuch, wenn der Täter noch nicht alles getan zu haben **glaubt, was nach seiner Vorstellung** von der Tat zu ihrer Vollendung bei regelmäßigem Verlauf (dazu **BGHSt 28, 346**) notwendig wäre.

Beispiel: Ein Versuch ist nicht beendet, wenn A den B mit Tötungsabsicht würgt, aber dann, als B verzweifelt nach Luft ringt, aus Mitleid von ihm ablässt.

Beendet ist der Versuch, wenn der Täter glaubt, schon alles getan zu haben, was **nach seiner Vorstellung** von der Tat zu ihrer Vollendung notwendig ist.

Die **Abgrenzung** zwischen dem nichtbeendeten (erste Alt.) und beendeten (zweite Alt.) Versuch erfolgt also nach **rein subjektiven Gesichtspunkten** (so auch BGH GA 56, 89).
Dabei hat der **BGH** lange allein darauf abgestellt (vgl. z.B. **BGHSt 22, 330 f**), welches die **Vorstellungen des Täters bei Tatbeginn** waren (wollte er z.B. von vornherein nur einen Schuß abgeben); inzwischen hat sich diese **Rechtsprechung** verändert. So heißt es bei **BGHSt 33, 297** (vgl. auch BGH NStZ 90, 31 und BGH NStZ 98, 614):

„In Abkehr von dieser Rechtsprechung hat der Bundesgerichtshof sich inzwischen auf den Standpunkt gestellt, daß der Versuch in **der Regel dann beendet ist, wenn der Täter nach der letzten Ausführungshandlung den Eintritt des tatbestandsmäßigen Erfolges für möglich hält** (BGHSt 31, 170 ff). Die Entscheidung betrifft einen Fall, in dem der Täter sich bei Tatbeginn nicht auf einen fest umrissenen Tatplan festgelegt hatte. Die zustimmenden Stellungnahmen zu dieser Entscheidung (Hassemer JuS 1983, 556; Kienapfel JR 1984, 72; Küper JZ 1983, 264; Mayer MDR 1984, 187; Rudolphi NStZ 1983, 361; Vogler in Lk § 24 Rdnr. 65) wollen ihre Grundsätze auch auf Fälle wie den vorliegenden ausdehnen, in denen der Täter einen fest umrissenen Tatplan ausführt. **Danach kommt es für die Frage der Abgrenzung des unbeendeten und des beendeten Versuchs auf den „Rücktrittshorizont"** (Vogler aaO.) **nach Abschluß der letzten Ausführungshandlung an. Unbeendet wäre der Versuch danach, wenn der Täter nach der letzten Ausführungshandlung glaubt, der Eintritt des Erfolges sei nicht möglich, und von weiteren Handlungen absieht, die noch zum Erfolg führen könnten.** Ist der Erfolgseintritt dagegen nach der letzten Ausführungshandlung möglich, so ist der Versuch **beendet, wenn der Täter die hierfür maßgebenden tatsächlichen Umstände erkannt hat."

So auch **BGH NStZ 02, 428**: „Denn für die Beurteilung, ob bei gefährlichen Gewalthandlungen und schweren Verletzungen ggf. auch ein strafbefreiender **Rücktritt vom - unbeendeten -Versuch** in Betracht kommt, kommt es grundsätzlich auf die Vorstellung der Täters **nach der letzten Ausführungshandlung** an (zum sog. **korrigierten Rücktrittshorizont BGHSt 36,** 224; BGHR StGB § 24 I 1 Versuch, unbeendeter 33). Dies gilt jedenfalls dann, wenn die mehreren Handlungsabschnitte - wie das LG hier ohne Rechtsfehler angenommen hat - als eine Tat im Rechtssinne zu werten sind (**BGHSt 36,** 224, 226); ebenso **BGH NStZ 05,** 150f."

bb) Der **Rücktritt muß freiwillig** erfolgen. Freiwillig tritt der Täter zurück, wenn er sich sagt: „**Ich könnte die Tat noch ausführen, wenn ich es wollte**" (Frank § 46 II). Dies gilt auch für den untauglichen Versuch, solange der Täter die mangelnde Tauglichkeit nicht erkannt hat (Wessels/Beulke AT 2005, 240; RGSt 68, 82).

Die Frage der Freiwilligkeit bzw. Unfreiwilligkeit ist also wiederum **nur subjektiv** nach der Vorstellung des Täters zu lösen (**BGHSt 9,** 48). Auf den Beweggrund für das Abstandnehmen (Reue, Furcht vor Strafe, große Aufregung) kommt es nicht an (**RGSt 35,** 102).

cc) **Der Täter muß den Verbrechensentschluß endgültig aufgegeben haben**- Ein bloßes Hinausschieben der Tat genügt nicht.

Nach der ständigen Rechtsprechung des **BGH** (vgl. z.B. **NJW 80,** 602) setzt der strafbefreiende Rücktritt vom Versuch voraus, daß der Täter die Durchführung seines kriminellen Entschlusses im ganzen und **endgültig** aufgibt (vgl. **BGHSt 7,** 296, 297; **BGH NJW 57,** 190 u.a.).

BGHSt 7, 296 (297): „Die Vorschrift des § 24 Abs. 1 S. 1, erste Alt. StGB setzt ... voraus, daß der Täter die Durchführung seines Verbrechensentschlusses im ganzen und **endgültig** aufgibt." Aber nur in Bezug auf die konkrete Tat; der innere Vorbehalt, die Tat **irgendwann** bei passender Gelegenheit **erneut zu versuchen,** soll nach **BGHSt 33,** 142, 145 und 35, 184 dem Rücktritt von der bereits begonnenen konkreten Tat nicht entgegenstehen (nicht überzeugend).

b) Folgen

b) **Folgen:**

Nur der Versuch „als solcher" bleibt nach § 24 straflos, nicht ein in ihm bereits vollendetes Delikt. Zum Beispiel bleibt bei Rücktritt von §§ 242, 243 Abs. 1 Ziff. 1 (besonders schwerer Fall des Diebstahls) der § 123 (**Hausfriedensbruch**) bestehen evtl. auch eine Sachbeschädigung: § 303 (= sog. **qualifizierter Versuch**). Ist die Tat vor dem Rücktritt bereits vollendet, kommt nur noch „tätige Reue" in Betracht (§ 24 Abs. 1 S. 1, zweite Alt.).

2. Die „tätige" Reue nach beendigtem Versuch (2. Alt.)

2. Die tätige Reue nach beendetem Versuch
(§ 24 Abs. 1 Satz 1, zweite Alt.)

„Nach § 24 I 2 StGB kann der Täter durch freiwilliges und ernsthaftes Erfolgsabwendungsbemühen vom beendeten Versuch zurücktreten, wenn die Tat ohne sein Zutun nicht vollendet wird. Zu diesen Fällen zählen in erster Linie die untauglichen fehlgeschlagenen sowie die Versuche, bei denen der Erfolgseintritt dem Täter nicht mehr zurechenbar ist. Dem Täter ist der Rücktritt solange möglich, wie er von der Untauglichkeit, dem Fehlschlag und dem (nicht zurechenbaren) Erfolgseintritt keine Kenntnis hat" (**BGH NStZ 98, 507**).

a) Voraussetzungen

a) Voraussetzungen der „tätigen Reue"

aa) **Es muß sich um einen beendeten Versuch handeln.** Beendet ist der Versuch, wenn der Täter nach seinem Plan (**nach seiner Meinung**) das Erforderliche getan hat, um den Erfolg herbeizuführen (**RGSt 68, 83**; vgl. auch **BGHSt 4, 81**).

bb) Der Täter muß **freiwillig die Vollendung** der Tat verhindern (§ 24 I 1, zweite Alt.) **oder**, falls die Tat ohne sein Zutun nicht vollendet wird, sich **freiwillig und ernsthaft** um die Verhinderung der Vollendung bemüht haben (§ 24 I 2).

BGHSt 33, 295: „Die Tat verhindert, wer bis zu dem Zeitpunkt, in dem er den Erfolg nicht mehr abzuwenden vermag (**BGH StV 81, 515, 516**), eine neue Kausalkette in Gang setzt, die für die Nichtvollendung der Tat mit ursächlich wird (**BGH StV 81, 514, 515; BGH NJW 85, 813**)."

BGH NStZ 86, 214: „Voraussetzung für die Straffreiheit des Täters ist allerdings, daß er sich um geeignete Maßnahmen für die Erfolgsabwendung bemüht (**BGH NJW 85, 813, 814**)."

Das **bloße Gewährenlassen** des Opfers bei Maßnahmen zur Eigenrettung ist keine taugliche Erfolgsverhinderung i. S. von § 24 I 1 Alt. 2 StGB (**BGH NJW 90, 3219**).

b) Folgen:

Straflosigkeit des Täters; dies gilt auch für den untauglichen Versuch, sofern der Täter die mangelnde Tauglichkeit eines Versuchs noch nicht erkannt hat (vgl. **BGHSt 11, 324**).

BGHSt 33, 295: „Überläßt der Täter die Rettung des Opfers **Dritten**, so genügt er nicht den Anforderungen des § 24 Abs. l Satz 2 StGB, wenn er sich nicht davon überzeugt, daß die für die Erfolgsabwendung notwendigen Rettungsmaßnahmen auch ergriffen werden (Ergänzung von **BGHSt 31, 46**)."

3. Rücktritt vom Versuch eines Unterlassungsdelikts

BGH NStZ 04, 326: „Um vom Versuch des Unterlassungsdelikts strafbefreiend zurückzutreten, muß sich der Täter zumindest immer aktiv um die Verhinderung des Erfolgseintritts bemühen. Das steht außer Streit (Küper ZStW 1 [2000] 1, 3f, 21 ff, 42; vgl. auch Freund AT § 9 Rn 48)."

4. Rücktritt bei Beteiligung mehrerer Personen
(§ 24 Abs. 2)

Nach § 24 Abs. 2 wird der rücktrittswillige Beteiligte (Täter oder Teilnehmer) nicht bestraft, wenn er freiwillig (vgl. oben)

– die Vollendung der Tat **verhindert** oder

– sich **ernsthaft** um die Verhinderung der Vollendung bemüht (etwa bei der Polizei anruft), falls die Tat ohne sein Zutun nicht vollendet oder unabhängig von seinem früheren Tatbeitrag begangen wird.

Versuch

> *Beispiel* für die „Verhinderung" der Straftat: A hat B das Werkzeug für einen Einbruch zur Verfügung gestellt, nimmt es diesem vor der Tat am Tatort aber wieder weg. Zur „Verhinderung" genügt es, dass ein anderer Tatbeteiligter „verhindert" und A mit dessen Verhalten (erkennbar) einverstanden ist (**BGHSt 44, 204, 207**)

> *Beispiel* für das freiwillige ernste Bemühen: Wenn B mit dem Einbruch bereits begonnen hat (Scheibe eingeschlagen), muß A versuchen, ihn von der weiteren Tatausführung abzubringen.

Dazu **BGH NStZ 05, 627**: „Hinsichtlich des **Rücktritts des Anstifters** bei einem tatsächlich zur Tat entschlossenen Angestifteten gilt: Wer einen anderen zur Begehung eines Verbrechens auffordert, setzt damit in jedem Falle Kräfte in Richtung auf das angegriffene Rechtsgut in Bewegung, über die er nicht mehr die volle Herrschaft behält (BGHSt 1, 305, 309). Die Gefahr der Tatbegehung besteht erst recht, wenn der Bestimmungsversuch erfolgreich war. Will der Anstifter diesen Erfolg verhindern, muß er alle Kräfte anspannen, um die Tat abzuwenden. Er muß das aus seiner Sicht Notwendige und Mögliche vollständig tun.; es reicht nicht aus, dass er nur die Wirkung seiner Beeinflussung zeitweise unschädlich macht. Insbesondere liegt ein **ernsthaftes Bemühen**, den Erfolg zu verhindern, **nur vor**, wenn der Anstifter alle Kräfte anspannt, um den Tatentschluß des Angestifteten rückgängig zu machen und er dadurch die Gefahr beseitigt, dass dieser die Tat begeht. Diese Grundsätze gelten entsprechend, wenn -wie hier - der Anstifter nur glaubt, einen anderen erfolgreich zur Tatbegehung bestimmt zu haben, dieser aber nicht wirklich tatbereit ist."

F. Persönliche Strafaufhebungs- und Strafausschließungsgründe

Trotz Vorliegens einer strafbaren, d.h. tatbestandsmäßigen, rechtswidrigen und schuldhaften Handlung kann eine Bestrafung des Täters im einzelnen ausgeschlossen sein, weil vorliegt ein

I. Persönlicher Strafausschließungsgrund

Er beseitigt weder Rechtswidrigkeit (wie der Rechtfertigungsgrund) noch Schuld (wie der Schuldausschließungsgrund), der Staat sieht aber wegen der besonderen Tatumstände von einem **Strafanspruch gegenüber diesem Täter** ab; es entsteht kein Strafanspruch des Staates!: z.B. § 258 VI: Wegen Strafvereitelung wird nicht bestraft, wer die Tat zugunsten eines Angehörigen begeht

oder ein

II. Persönlicher Strafaufhebungsgrund

Auch ein solcher beseitigt nicht Rechtswidrigkeit oder Schuld, der Staat sieht aber wegen der besonderen Umstände von dem einmal bereits entstandenen Strafanspruch gegenüber diesem Täter ab (erst ein nach der Tat liegender Umstand beseitigt den Strafanspruch wieder!).

Solche sind insbesondere:

1. **Rücktritt vom Versuch** (§ 24): vgl. oben S. 66

a) Rücktritt vom unbeendeten Versuch (§ 24 Abs. 1 Satz 1, 1. Alt.),

b) Rücktritt vom beendeten Versuch („tätige Reue") (§ 24 Abs. 1 Satz 1, 2. Alt.).

2. **Rücktritt vom vollendeten Delikt**; § 306e („tätige Reue" bei der Brandstiftung).

Konkurrenzen

G. Einheit und Mehrheit von Straftaten

„Den §§ 52-55 StGB liegt die Erwägung zugrunde, daß bei einem Zusammentreffen mehrerer Gesetzesverletzungen die Addition aller in Betracht kommender... Strafen das Maß der Schuld des Täters übersteigen würde" (Wessels/Beulke AT 2005 S. 295) und man deshalb eine Art „Mengenrabatt" geben muß. Da § 52 von einer „Handlung" spricht, ist **vorab zu klären, was im Rahmen des StGB unter einer „Handlung"** zu verstehen ist (vgl. dazu auch oben S. 8 und 16).

I. Handlungseinheit und Handlungsmehrheit

„Handlung"

Wir unterscheiden:

- die „Handlung im natürlichen Sinne"
- die „natürliche Handlungseinheit"
- die „rechtliche Handlungseinheit"

Vorprüfung: Liegt überhaupt eine „Handlung" vor? Unter einer „Handlung" im strafrechtlich relevanten Sinn versteht man ein menschliches Verhalten, das **von einem Willen getragen** ist. Das ist nicht der Fall bei bloßen Reflexbewegungen, Schreckreaktionen, Verhaltensweisen während der Bewusstlosigkeit oder solchen, die mit absoluter Gewalt erzwungen werden. Nur dann erörtern, wenn der Sachverhalt dafür (ausnahmsweise) Anlaß gibt.

„im natürlichen Sinne"

1. „Handlung im natürlichen Sinne"

Von einer „natürlichen Handlung" sprechen wir dann, wenn sich **ein** Handlungsentschluß in **einer** Willensbetätigung realisiert. Dementsprechend heißt es in **BGHSt** 6, 81: „Ob ... eine oder mehrere Handlungen vorliegen, ist allein davon abhängig, ob im natürlichen Sinne eine Willensbetätigung und damit **eine** Handlung gegeben ist oder ob **mehrere** Willensbetätigungen vorliegen und rechtlich zu beurteilen sind. „Eine" Handlung im natürlichen Sinne liegt also vor, wenn ein Handlungsentschluß durch eine Willensbetätigung verwirklicht wird."

Beispiele: A schlägt B mit einem Boxhieb nieder.

Eine „solche einmalige Willensbetätigung ist selbst dann eine Handlungseinheit, wenn sie mehrere tabestandliche Erfolge zeitigt, ja sogar dann, wenn hinter diesen Erfolgen höchstpersönliche Rechtsgüter stehen" (Kühl AT 2002, 898 unter Hinweis auf BGHSt 40, 238 und BGH StV 02,73).

Beispiel: A wirft einen Sprengkörper in einen Versammlungsraum und tötet dadurch mehrere Menschen.

2. „natürliche Handlungseinheit"

2. „Natürliche" Handlungseinheit

Eine natürliche Handlungseinheit kommt in Betracht, wenn zwar **mehrere Tatbestände verletzt** werden, diese aber nach **natürlicher Betrachtungsweise zusammengehören**.

Beispiel: A schlägt seinen Beifahrer B mit einem großen Schraubenschlüssel mehrmals heftig auf den Kopf, um diesen zum Verlassen des Pkw zu bewegen, was schließlich auch gelingt (Fall nach Mitsch in JuS 93, 222, 224).

A verwirklicht die Straftatbestände der gefährlichen Körperverletzung (§§ 223, 224) und der Nötigung (§ 240) durch „ein und dieselbe Handlung" (=Schläge mit dem Schraubenschlüssel): vgl. auch Kühl AT 2002, 900. In der Klausur eher als Fall der ungleichartigen Idealkonkurrenz zu behandeln (vgl. S. 78).
Eine natürliche Handlungseinheit wird ferner dann angenommen, wenn **mehrere** Willensbetätigungen vorliegen, die sich auf Akte beziehen, die durch einen **engen räumlichen und zeitlichen Zusammenhang** so verbunden sind, dass sich die gesamte Tätigkeit bei natürlicher Betrachtung als ein einheitliches, zusammengehöriges Tun darstellt.

Beispiel: Eine natürliche Handlungseinheit hat der BGH (NStZ 97, 276) zwischen Diebstahl (§ 242) und Brandstiftung (§ 306a) bejaht mit der Begründung, es bestehe ein motivationaler Zusammenhang, weil der Täter den Brand zur Verwischung der Spuren des Diebstahls gelegt habe.

Weitere Rechtsprechung:
BGH NStZ 05, 263 (ebenso auch schon **BGHSt** 10, 230; 231; BGH NStZ 90,490): „Eine natürliche Handlungseinheit liegt dann vor, wenn mehrere, im wesentlichen gleichartige Handlungen von einem **einheitlichen Willen getragen** wer-

den und auf Grund ihres **engen räumlichen und zeitlichen Zusammenhangs** so miteinander verbunden sind, dass sich das gesamte Tätigwerden auch für einen Dritten als einheitliches Geschehen darstellt (vgl. **BGHSt** 10, 230, 231). **Ausnahmsweise** kann eine natürliche Handlungseinheit auch dann vorliegen, wenn es um die Beeinträchtigung höchstpersönlicher Rechtsgüter verschiedener Personen geht (vgl. **BGH NJW** 85, 1565; **BGH NStZ** 01, 219, 220); sie ist dann anzunehmen, wenn eine Aufspaltung in Einzeltaten wegen eines außergewöhnlich engen zeitlichen und situativen Zusammenhangs willkürlich und gekünstelt erschiene."

3. „Rechtliche" Handlungseinheit

3. „rechtliche" Handlungseinheit

liegt vor, wenn mehrere Handlungen im natürlichen Sinne unter rechtlichen Gesichtspunkten zu einer Handlungseinheit zusammengefaßt werden (können).

In Betracht kommen:
- die tatbestandliche Einheit und
- die fortgesetzte Handlung.

tatbestandliche Einheit

a) Bei der **tatbestandlichen Handlungseinheit** ist die einheitliche Handlung durch die Fassung des Tatbestandes vorgezeichnet, z.B. bei

- zusammengesetzten Delikten (§ 249): Gewaltanwendung und Wegnahme;
- mehraktigen Delikten (§ 146 Abs.1 Nr. 3): Geld nachmachen und in Verkehr bringen;
- Dauerdelikten (§§ 239): Einsperren mit anschließendem Unterlassen der Freilassung

fortgesetzte Handlung

b) Eine besondere Erscheinungsform der rechtlichen Handlungseinheit bildet die Rechtsfigur der „**fortgesetzten Handlung**", die die frühere Rechtsprechung (vgl. **BGHSt** 5, 136; 19, 323) konstruiert hat, um bei Handlungsreihen mit wiederkehrender Tatbestandsverwirklichung den Anwendungsbereich der Realkonkurrenz (§ 53) zu beschränken.

Eine solche fortgesetzte Tat

> *Beispiel*: A stiehlt 30 mal am selben Tatort

wurde dann anerkannt, wenn der Täter

- denselben Grundtatbestand
- in zeitlich und räumlich zusammenhängender Weise
- mit Gesamtvorsatz („von vornherein so vorgehabt")
  verwirklicht hat.

Die praktische Bedeutung dieser Konstruktion bestand darin, daß mit Rechtskraft des Strafurteils die Strafklage bzgl. aller Einzelakte (auch der in dieser Kette unbekannt gebliebenen) verbraucht war (vgl, dazu BGH JZ 86, 44).

Mit seiner Entscheidung vom 3. Mai 1994 (BGHSt GrS 40, 138) hat der Bundesgerichtshof jedoch diese Rechtsprechung grundsätzlich aufgegeben. Er läßt die Rechtsfigur des Fortsetzungszusammenhanges nämlich nur noch dann zu, wenn sie „zur sachgerechten Würdigung des Gesamtunwertes mehrerer nicht zur natürlichen Handlungseinheit verbundener Tatbestandsverwirklichungen **unumgänglich notwendig** ist" (BGH aaO. 166). Eine entsprechende Ausnahme („unumgänglich") hat der BGH bisher aber noch nicht zugelassen (vgl. z.B. **BGH StV** 94,479; 95, 84; 96, 298).

Durch die nachfolgende Rechtsprechung wurden dem Anwendungsbereich der fortgesetzten Tat sogar ausdrücklich entzogen die §§ 173, 174, 177, 242, 255, 263, 266, 166a, 267.

Statt der fortgesetzten Tat kommen dann in Betracht

- Realkonkurrenz (§ 53 , vgl. unten S. 80) oder eine

- Ausdehnung des Anwendungsbereiches der natürlichen Handlungseinheit (vgl. **BGH NStZ-RR** 98, 68; **BGH StV** 98, 335)

Wessels/Beulke (AT 2005, 773) sprechen deshalb von **einer „de-facto-Abschaffung der fortgesetzten Handlung"** und bringen dazu (aaO) folgendes

> *Beispiel*: Wenn die L von A im Verlauf der Nacht mehrfach nacheinander vergewaltigt wird, „so wäre nach früherer Rechtsprechung ein Fortsetzungszusammenhang zu bejahen gewesen. Nach Ablehnung der Rechtsfigur durch **BGHSt GrS** 40, 138 müßte jedoch jede einzelne sexuelle Nötigung im Prinzip als rechtlich

> selbständige Tat gewertet werden ... nach neuerer Rechtsprechung wäre also **Tatmehrheit i. S. des § 53 I** anzunehmen. Entsprechend ihrer (vom Gericht festzustellenden) Anzahl wäre A somit wegen sexueller Nötigung von L ‚in ... Fällen' zu bestrafen.

Dazu BGHSt 43, 315 (so auch BGH wistra 04, 415): „**Anders als nach früherem Recht** (vgl. **BGHSt 16, 26, 33**) kommt auf der Grundlage der Entscheidung des Großen Senats für Strafsachen in BGHSt 40, 138 und der sich daran anschließenden Rechtsprechung die Annahme einer Handlungseinheit auf Grund Fortsetzungszusammenhangs **nicht mehr** in Betracht.

Es bleibt lediglich die Möglichkeit, mehrere Tatbestandsverwirklichungen nach den Grundsätzen sogenannter natürlicher Handlungseinheit (vgl. **BGHSt 4, 219, 220; 10, 129, 130**) zu einer materiellrechtlichen Tat **zusammenzufassen**. Dazu ist erforderlich, dass der Täter auf Grund eines einheitlichen Willens im Sinne derselben Willensrichtung handelt und die einzelnen tabestandsverwirklichenden Handlungen in einem derart engen - zeitlichen, räumlichen und sachlichen - Zusammenhang stehen, dass sie bei natürlicher, an den Anschauungen des Lebens orientierter Betrachtungsweise als ein einheitliches zusammengehörendes Tun erscheinen."

II. Konkurrenzen

Verletzt „eine" Handlung nur „eine" Strafvorschrift, so wird die Rechtsfolge nur dieser entnommen. Liegen mehrere Handlungen vor oder werden mehrere Strafvorschriften verletzt, gelten das (eingeschränkte) Absorptionsprinzip (§ 52 Abs.2 S. 1), das Kombinationsprinzip (§ 52 Abs. 2 S. 2) und das Asperationsprinzip (§ 53 Abs. 1). Entsprechend ist zu unterscheiden:

Übersicht 6: Verschiedene Fälle der Konkurrenzen

Idealkonkurrenz = Tateinheit (§ 52 StGB)	Realkonkurrenz = Tatmehrheit (§ 53 StGB)	Gesetzeskonkurrenz (hat keine ausdrückliche Regelung im Gesetz gefunden)

1. Idealkonkurrenz

liegt vor, wenn der Täter durch eine ("dieselbe") Handlung "mehrere Strafgesetze oder dasselbe Strafgesetz mehrmals verletzt".

Dementsprechend unterscheiden wir folgende Fälle der Idealkonkurrenz:

a) **Gleichartige:**
der Täter verletzt **dasselbe** Gesetz durch eine Handlung **mehrfach**.

> *Beispiel:* In einer gemeinsamen Besprechung stiftet der A fünf Personen zum Meineid an (RGSt 70, 335).

b) **Ungleichartige:**
durch die eine Handlung verletzt der Täter **mehrere verschiedenartige** Strafgesetze.

> *Beispiel:* Der Meyer sticht auf den Müller ein und beschädigt dadurch nicht nur dessen Körper, sondern auch dessen Kleidungsstücke (also §§ 223 und 303).

c) **Sonderfälle:**

Fall 1: Teilidentität
Tateinheit ist auch kraft teilweiser Identität der Ausführungshandlungen möglich (**BGHSt 18, 29**)

> *Beispiel:* Vor Beendigung des bereits vollendeten Raubes schießt Täter A auf seine Verfolger (dazu **BGHSt 26, 24, 27** und **BGH NStZ 05, 387**): das Raubdelikt (§ 249) steht dann in Idealkonkurrenz zu den Schüssen (§§ 211, 22, 23 Abs.1).

Fall 2: Klammerwirkung durch eine dritte Straftat
Ob eine dritte Straftat zwei andere Straftaten zur Idealkonkurrenz verklammern kann, ist umstritten.

> *Beispiel* (nach Kühl 2002, 912): Angenommen wird z.B., dass der Unbefugte (Dauer-) Gebrauch eines Fahrzeugs (§ 248b) eine Unfalltat (z.B. eine fahrlässige Tötung gem. § 222) und die anschließende Flucht (§ 142) verklammern kann. Alle drei Straftaten würden dann in Idealkonkurrenz stehen.

Bildlich gesprochen wird eine Brücke (§ 248b) durch zwei Pfeiler getragen ("**Brückentheorie**"), nämlich § 142 und § 222. Von der Rechtsprechung (**BGH NJW 98, 619**) wird eine solche Klammerwirkung abgelehnt, wenn die Brücke zu schwach ist bzw. „wenn das zu verklammernde Delikt in seinem Unrechtgehalt gegenüber dem Unrechtsgehalt der beiden verklammernden Delikte zurücktritt (Kühl aaO). Ist jedoch wenigstens ein Brückenpfeiler stärker, kommt eine Klammerwirkung in Frage (**BGHSt 31, 30f**).

Nach allen Gesichtspunkten könnte danach der § 248b (Freiheitsstrafe bis zu drei Jahren) die Delikte der fahrlässigen Tötung (§ 222: Freiheitsstrafe bis zu fünf Jahren) und der Unfallflucht (§ 142: Freiheitsstrafe bis zu drei Jahren) zur Idealkonkurrenz verklammern. Dementsprechend heißt in **BGH NStZ 05, 263**: „Voraussetzung für die Tateinheit durch Klammerwirkung ist, dass die Ausführungshandlungen zweier an sich selbständiger Delikte zwar nicht miteinander, wohl aber mit der Ausführungshandlung eines dritten Tatbestandes (teil-)identisch sind und dass wenigstens zwischen einem der beiden an sich selbständigen Delikte und dem sie verbindenden Delikt zumindest **annähernde Wertgleichheit besteht oder die verklammernde Tat die schwerste ist** (vgl. LK-Rissing-van Saan 11. Aufl. § 52 Rn 27, 29 mwN)".

Dauerdelikt	**Fall 3: Zusammentreffen von Dauerdelikt und Zustandsdelikt**

Nach der h.L. (vgl. Wessels/Beulke 2005, 304) besteht

- Idealkonkurrenz, wenn das Dauerdelikt (etwa ein Hausfriedensbruch, § 123) Voraussetzung war (nach dem Tatplan) für das Zustandsdelikt (etwa für einen Diebstahl);

- Realkonkurrenz, wenn der Täter an sich nur den Hausfriedensbruch beabsichtigt hat (§ 123), dann aber, bereits im Haus angelangt, „bei dieser Gelegenheit" gleich auch noch etwas mitgehen lässt (Diebstahl).

d) Bestrafung	**d) Bestrafung:**

In den Fällen der Idealkonkurrenz ist nur eine Strafe verwirklicht,

a) diese wird bei gleichartiger Idealkonkurrenz der mehrmals verletzten Strafvorschrift entnommen und

b) bei ungleichartiger Idealkonkurrenz der (verletzten) Vorschrift, die die schwerste Strafe androht (Absorptionsprinzip); § 52 Abs. 2.

Zum Kombinationsprinzip vgl. § 52 Abs. 2-4.

2. Realkonkurrenz

liegt vor, wenn der Täter durch **mehrere** Handlungen **mehrere** Verbrechen oder Vergehen begeht. Wir unterscheiden folgende Fälle der „Tatmehrheit":

a) **Ungleichartige:** durch **mehrere** selbständige Handlungen verletzt der Täter mehrere verschiedenartige Strafgesetze.

> *Beispiel:* A begeht am 1.5.2004 einen Betrug, am 1.7.2004 eine Unterschlagung (also §§ 263 und 246).

b) **Gleichartige:** der Täter begeht durch **mehrere** selbständige Handlungen **dasselbe** Verbrechen oder Vergehen **mehrfach**.

> *Beispiel:* A begeht am 1.2. und 10.12.2004 je einen schweren Diebstahl.

c) **Bestrafung:** Im Falle der Realkonkurrenz sind grundsätzlich nicht die verschiedenen verwirkten Strafen zusammenzurechnen, sondern es ist eine Gesamtstrafe zu bilden, und zwar durch Erhöhung der verwirkten schwersten Einzelstrafe (sog. **Asperationsprinzip**), § 54 Abs. 1 S.2.

3. Gesetzeskonkurrenz

hat im Gesetz (im Gegensatz zur Ideal- und Realkonkurrenz) keine generelle Regelung gefunden. Es handelt sich eigentlich auch um keine „Konkurrenz", weil Tatbestände nicht miteinander konkurrieren, sondern eine Vorsatztat eine andere **verdrängt**, die den Unrechtsgehalt der Tat bereits ausschöpft („unechte Konkurrenz").

Rechtsprechung dazu:
BGHSt 31, 380: „Gesetzeseinheit liegt nur vor, wenn der Unrechtsgehalt einer Handlung durch einen von mehreren dem Wortlaut nach anwendbaren Straftatbeständen **erschöpfend erfasst** wird (**BGHSt** 25, 373; **BGH NJW** 63, 1413). Maßgebend für die Beurteilung sind die Rechtsgüter, gegen die sich der Angriff des Täters richtet, und die Tatbestände, die das Gesetz zu ihrem Schutz aufstellt (BGHSt 11, 15, 17; 28,11, 15) Die Verletzung des durch den einen Straftatbestand geschützten Rechtsguts muß eine - wenn nicht notwendige, so doch regelmäßige - Erscheinungsform der Verwirklichung des anderen Tatbestands sein (**RGSt** 60, 117, 122 mwN; **BGHSt** 11, 15, 17; 25, 373).

Konkurrenzen

Diese Voraussetzungen sind im Verhältnis zwischen § 148 Abs.1 und § 263 StGB nicht erfüllt."

Die einzelnen Fälle:

Spezialität	a) **Spezialität** liegt dann vor, wenn mehrere Strafgesetze denselben Sachverhalt erfassen, das eine Gesetz aber eines oder mehrere Begriffsmerkmale enger begrenzt und spezieller ausgestaltet (vgl. RGSt 14, 386; 60, 122; BGH NJW 99, 348).

> **Merkwort:** Der eine Tatbestand steckt **notwendigerweise** im anderen mit drin.
> Das spezielle Gesetz verdrängt also das allgemeine. Praktisch bedeutet das: Zu verwenden ist die Strafandrohung des speziellen Gesetzes.

Spezialregelungen sind z.B.

§ 224 gegenüber § 223;

§ 244 gegenüber § 242;

§ 249 gegenüber §§ 240, 242.

b) Konsumtion	b) **Konsumtion** liegt vor, wenn ein Straftatbestand zwar nicht notwendigerweise, aber **typischerweise** in einem anderen enthalten ist.

> *Beispiel*: Hausfriedensbruch (§ 123), Sachbeschädigung (§ 303) sind typischerweise in § 243 Abs. 1 S. 2 Nr. 1 (Einbruchsdiebstahl) bzw. § 244 Abs. 1 Nr. 3 (Wohnungseinbruchsdiebstahl) enthalten.
> Anders nur, wenn die spätere Tat ein neues Rechtsgut desselben Verletzten oder eines anderen angreift oder der Schaden vergrößert wird (so RGSt 49, 405; 60, 371; 64, 281).

> *Beispiel*: Der Sachschaden der Sachbeschädigung beträgt 10.000 €, die Diebesbeute hingegen 4.000 € (BGH NJW 02, 150, 152)

c) Subsidiarität	c) **Subsidiarität** liegt vor, wenn von mehreren Strafgesetzen das eine nur **hilfsweise** für den Fall zur Anwendung kommt, daß nicht bereits das andere durchgreift.
ausdrückliche	Ausdrücklich ist die Subsidiarität in den §§ 145 d, 246, 248b, 265a und 316 geregelt (**ausdrückliche Subsidiarität**).

So heißt es in § 265 a: Strafe ist Freiheitsstrafe, „wenn die Tat nicht nach anderen Vorschriften mit schwerer Strafe bedroht ist".

Subsidiär ist aber auch („**stillschweigende**" Subsidiarität)

- die schwächere Beteiligungsform gegenüber der stärkeren (**RGSt 63, 134**);

- die Teilnahme gegenüber der Mittäterschaft; etwa die Anstiftungshandlung zum Täterverhalten (vgl. **BGH NStZ 97,281**);
- das unechte Unterlassen (z.B. § 323 c) gegenüber dem echten Unterlassungsdelikt;

- die Gefährdung gegenüber der Verletzung (§ 221 Abs. 1 gegenüber § 212 Abs.1); aber auch

- die körperliche Verletzung (§§ 223, 224) gegenüber der Tötung. Dazu **BGHSt 16, 122**: „Tötungsvorsatz und Körperverletzungsvorsatz schließen sich nicht aus (entgegen **RGSt 61, 375**). Das bedeutet jedoch nicht, dass zwischen Tötungs- und Körperverletzungsdelikten Tateinheit gegeben ist. Vielmehr tritt die Körperverletzung als sog. subsidiäres Delikt zurück, wenn eine Anwendung der §§ 211 ff StGB möglich ist".

d) mitbestrafte Vor- oder Nachtat

d) Mitbestrafte Vor- und Nachtat

Bei der mitbestraften **Vortat** (Durchgangsstadium) kann es sich um Fälle der Subsidiarität oder solche der Konsumtion handeln.

Erstes Beispiel: Als mitbestrafte Vortat ist die Verbrechensverabredung (§ 30 Abs.2) subsidiär zur versuchten oder vollendeten Tat (**BGH NStZ 86, 565**): Subsidiarität.

Zweites Beispiel: Die Unterschlagung des Autoschlüssels als Mittel des späteren Diebstahls des Wagens steht zu Letzterem im Verhältnis der Konsumtion (**OLG Hamm MDR 79, 421**; Wessels/Beulke AT 2005, 311).

Bei der mitbestraften **Nachtat** handelt es sich dagegen in der Regel nur um Fälle der Konsumtion: Die zweite Tat sichert lediglich die Position, die durch die erste erlangt wurde.

Beispiel: Der Täter des Diebstahls (§ 242) zerstört (§ 303) später die gestohlene Sache (**RGSt 62, 62**).

Konkurrenzen

Rechtsprechung dazu:
BGH wistra 01, 60: „Zur mitbestraften Nachtat gelten folgende Grundsätze: Durch eine Nachtat werden die Erfolge der Vortat lediglich gesichert, ausgenutzt oder verwertet. Sie bleibt straflos, wenn sich aus dem Funktionszusammenhang der auf den Sachverhalt anzuwendenden Vorschriften ergibt, dass ihr gegenüber der Haupttat kein eigenständiger Unrechtsgehalt zukommt. Dann besteht kein Bedürfnis, sie neben der Haupttat selbständig zu bestrafen, sie ist bereits durch diese mit abgegolten. Voraussetzung für die Straflosigkeit ist dabei im einzelnen, **dass die Geschädigten der beiden Straftaten identisch sind, die Nachtat kein neues Rechtsgut verletzt und der Schaden qualitativ nicht über das durch die Haupttat verursachte Maß hinaus erweitert wird**. Wendet man dies auf das Verhältnis zwischen Betrug und Untreue an so ergibt sich, dass auf einen Betrug dann eine mitbestrafte Untreue folgen kann, wenn diese nur zur Sicherung oder Verwertung der durch den Betrug erlangten Stellung dient. Dagegen können Betrug und Untreue tateinheitlich zusammentreffen, wenn etwa dem durch den Betrug eingetretenen Nachteil durch das ungetreue Verhalten des Täters ein besonderer Schaden hinzugefügt wird (vgl. BGH GA 71,83, 84)."

H. Täterschaft und Teilnahme

Übersicht 7: Täterschaft (§ 25) und Teilnahme (§§ 26, 27)

Alleintäterschaft (I)

mittelbareTäterschaft (II)

Mittäterschaft (III)

Nebentäterschaft (IV)

Teilnahme (V)

Anstiftung — Beihilfe

Der Gesetzgeber differenziert bei den an einer Straftat Beteiligten zwischen **Täter** (§ 25), **Anstifter** (§ 26) und **Gehilfem** (§ 27).

I. Täterschaft

I. Täterschaft
(§ 25 Abs.1 S.1, erste Alt.)

Unmittelbarer Täter ist, wer die Straftat selbst begeht, d.h. wer durch seine Handlung (ohne Mitwirkung eines anderen) sämtliche Tatbestandsmerkmale eines Straftatbestandes in eigener Person verwirklicht.

II. mittelbare Täterschaft

II. Mittelbare Täterschaft
(§ 25 Abs. 1 S.1, zweite Alt.)

Mittelbarer Täter ist, wer seine Tat mit eigenem Täterwillen ganz oder teilweise **durch einen anderen** (menschliches „Werkzeug", Mittelsperson) ausführen läßt.

Einzelne Fälle:

1. vorsatzloses Werkzeug

1. Handeln durch ein „**undoloses**" (vorsatzloses) Werkzeug

> *Beispiel*: Der Arzt A will eine Patientin umbringen. Zu diesem Zweck gibt er der Krankenschwester B eine mit

Mehrere Beteiligte

Gift gefüllte Spritze. Von dem Gift weiß die B nichts. Sie injiziert die Flüssigkeit und die Patientin stirbt.

Der Arzt ist mittelbarer Täter (eines Totschlags, § 212 Abs. 1; § 25 Abs. 1 zweite Alt.), die B sein unvorsätzlich handelndes Werkzeug (BGHSt 30, 363).
Die B hat sich nicht strafbar gemacht (ihr fehlte der Vorsatz), es sei denn, sie hat fahrlässig gehandelt (wenn z.B. die Flüssigkeit eine unübliche Farbe aufwies und die B das nicht gemerkt hat). Aber das ist dann Tatfrage!

2. qualifikationsloses doloses Werkzeug

2. Handeln durch ein „qualifikationsloses doloses" Werkzeug:

Beispiel: Die Tipse A des Standesbeamten B trägt wider besseres Wissen auf Geheiß des B die Geburt einer Tochter des C statt eines Sohnes in das Geburtenregister ein.
Es handelt sich um einen Fall des § 348 Abs. 1, der sog. „schriftlichen Lüge".
Da die A nur Schreibkraft ist, fehlt ihr die Qualifikation für dieses Delikt. Es kommt Beihilfe in Betracht. Der B hingegen ist wiederum mittelbarer Täter (vgl. dazu auch **RGSt 28,110;41,61**).

3. absichtsloses doloses Werkzeug

3. Handeln durch ein „absichtsloses, doloses" Werkzeug:

Beispiel: Bauer B will auf dem Dorfteich schwimmende fremde Enten stehlen. Er sagt das seinem Knecht, der das für ihn in Kenntnis der Sachlage besorgt.
Der Knecht nimmt zwar weg, ihm fehlt aber die Zueignungsabsicht. Er ist Werkzeug. Für ihn kommt aber Beihilfe zum Diebstahl in Frage, während der B vollendeten Diebstahl in mittelbarer Täterschaft beging (vgl. **RGSt 39, 39**),

4. rechtmäßig handelndes Werkzeug

4. Handeln durch ein „rechtmäßig handelndes" Werkzeug:

Beispiel: A veranlaßt durch unwahre Angaben die Verurteilung des B zu einer Freiheitsstrafe. Der Richter handelt pflichtmäßig (= rechtmäßig), indem er gutgläubig ein unrichtiges Urteil fällt. A ist mittelbarer Täter einer Freiheitsberaubung, § 239 Abs.1 und 3 Nr. 1, § 25 Abs.1 2. Alt. (vgl. **BGHSt 3, 4; 3, 111; 4, 66**).

5. schuldunfähiges Werkzeug

5. Handeln durch ein „schuldunfähiges" Werkzeug:

Beispiel: Der A bestimmt den B, von dem er weiß, daß er geisteskrank ist, ein Fenster des C einzuwerfen.

B ist schuldlos, der A mittelbarer Täter (vgl. BGHSt 47,147; 61, 147; BGH MDR 54, 398), der sich nach § 303, § 25 Abs. 1, 2. Alt strafbar gemacht hat. Wußte A nicht, dass B geisteskrank ist, kann er hingegen kein mittelbarer Täter sein; dann kann er aber (wegen der limitierten Akzessorietät, vgl. unten V) als Anstifter bestraft werden (Roxin AT 2003, 128).

6. nichthandelndes Werkzeug	6. Fall des „nichthandelnden" Werkzeugs:

Beispiel: Der A liegt so schwer krank im Krankenhaus, daß er nur noch dadurch am Leben erhalten wird, daß er stündlich eine Injektion bekommt. Der B hört davon. Er gibt der Krankenschwester ein Schlafpulver in den Kaffee, so daß diese einschläft und der A durch Versäumen der Injektion stirbt.

B ist strafbar wegen vorsätzlicher Tötung in mittelbarer Täterschaft. (§ 212 Abs. 1, § 25 Abs.1, 2. Alt.)

7. Opfer und Werkzeug identisch	7. Fall, in dem „Opfer und Werkzeug identisch" sind.

Beispiel: Die Eltern E quälen die Tochter T, um sie lebensmüde zu machen. Die T springt schließlich ins Wasser und stirbt.

Die Eltern sind strafbar wegen vorsätzlicher Tötung in mittelbarer Täterschaft: §§ 212, 211, § 25 Abs.1, 2. Alt. (vgl. OGH Brit.Z. NJW 45, 598).

8. Exzess des Werkzeugs	8. Ein Exzess des Werkzeugs fällt dem mittelbaren Täter als Vorsatztat nicht zur Last, weil ihm insoweit der Vorsatz fehlt; in Betracht kommt aber Fahrlässigkeit.

Beispiel: A begeht statt des ihm von B aufgetragenen Diebstahls einen Raub. B ist dann nicht nach § 249 Abs. 1 wegen Raubes in mittelbarer Täterschaft zu bestrafen, wohl aber nach § 242 Abs. 1, weil dieser im Raub mit enthalten ist.

9. Eigenhändige Delikte	9. Mittelbare Täterschaft ist naturgemäß nicht möglich bei **eigenhändigen Delikten**.

Beispiel: Wer gutgläubige Geschwister miteinander verkuppelt, kann nicht wegen Blutschande (§ 173) bestraft werden.

III. Mittäterschaft
(§ 25 Abs. 2)

ist nach § 25 Abs. 2 gegeben, wenn mehrere eine strafbare Handlung gemeinschaftlich ausführen. **Auffällige Merkmale sind arbeitsteiliges Handeln, funktionelle Rollenverteilung, gemeinsamer Tatentschluß.** Jeder Beteiligte ist gleichberechtigter Partner (vgl. dazu BGHSt 37, 289).

Dazu folgende Rechtsprechung:
BGHSt 6, 248 (249); „Erforderlich ist..., daß **jeder** Beteiligte seine eigene Tätigkeit durch die Handlung des anderen vervollständigen und auch diese sich zurechnen lassen will, dass somit **alle in bewußtem und gewolltem Zusammenwirken** handeln (RGSt 58, 279; 71, 248; vgl. auch z.B. BGHSt 24, 288.)

BGH NJW 98, 2150: „Mittäter ist gemäß § 25 II StGB, wer aufgrund gemeinschaftlichen Tatentschlusses seinen Beitrag als Teil der Tätigkeit des anderen und denjenigen des anderen als Ergänzung seines Tatanteils will (**BGH NStZ 91, 289; BGH NStZ 95, 142**). Die Annahme von Mittäterschaft ist nach ständiger Rechtsprechung des BGH in wertender Betrachtung der festgestellten Tatsachen zu prüfen. Dafür sind der **Grad des eigenen Interesses an der Tat**, der **Umfang der Tatbeteiligung** und die **Tatherrschaft** oder wenigstens der Wille zu ihr maßgeblich (**BGH NStZ 82, 243; 90, 130**)."

BGHSt 40, 299: „Auf der Grundlage gemeinsamen Wollens kann auch die Vornahme von **bloßen Vorbereitungs- und Unterstützungshandlungen** reichen; sogar **eine rein geistige Mitwirkung (BGHSt 32, 165)**."

Einzelne Fälle:

1. **bei eigenhändigen Delikten**
1. Mittäter kann nur sein, wer Alleintäter sein kann. Daher ist **Mittäterschaft bei eigenhändigen Delikten** (z.B. Meineid, § 154) nicht möglich.

2. **durch Unterlassen**
2. Mittäterschaft ist auch **durch Unterlassen** möglich (BGH NJW 66, 1763).

3. **bei Absichtsdelikten**
3. Mittäter kann auch nur sein, wer die im Gesetz genannten **Absichten selbst** hat, wie z.B. die Zueignungsabsicht in den §§ 242, 252 (vgl. dazu **BGH NStZ 98, 158**).

4. **bei Tötungsdelikten**
4. **Mord und Totschlag in Mittäterschaft**: „Wenn ein Täter alle Voraussetzungen des Mordes erfüllt hat, so ist er auch dann als Mörder zu verurteilen, wenn der gemein-

sam mit ihm vorsätzlich Tötende keine Mordmerkmale aufweist" (**BGH NJW 90, 277** mit Anm. von Beulke). Deshalb kann ein Mittäter des Mordes, der andere des Totschlags schuldig sein.

5. bei erfolgsqualifizierten Delikten	5. Bei **erfolgsqualifizierten Delikten** (zu diesen vgl. S. 21) muß der Mittäter hinsichtlich der besonderen Tatfolge wenigstens fahrlässig handeln (**BGH NStZ 97, 82**).
6. bei qualifikationsbegründenden Merkmalen	6. Auch **qualifikationsbegründende** tatbezogene Merkmale (z.B. in § 177 Abs. 3: Mitführen einer Waffe) werden den übrigen Mittätern grundsätzlich nicht zugerechnet (vgl. dazu **BGHSt 48, 189**).
7. bei Exzess des Mittäters	7. Jeder Mittäter haftet nur soweit, wie sein Tatentschluß reicht. Für das „Mehr" des anderen haftet er nicht. Der andere ist sog. **„excedierender Mittäter"** (vgl. dazu **BGH NJW 73, 377**).

> *Beispiel:* Entgegen der Absprache erschießt ein Mittäter beim Raub das Opfer.

Eine Ausweitung des Tatplans im gegenseitigen Einvernehmen im Verlauf der Tatdurchführung (ausdrücklich oder auch stillschweigend) bildet hingegen keinen Exzess (**BGH NStZ 02, 9**).

IV. Nebentäterschaft	# IV. Nebentäterschaft (im Gesetz nicht geregelt)

liegt vor, falls mehrere Personen, **unabhängig voneinander**, also **ohne** in bewußtem und gewolltem Zusammenwirken zu handeln, den tatsächlichen Erfolg herbeiführen (**BGH MDR 57, 926**).

> *Beispiele:* Unabhängig voneinander lauern A und B dem C auf, um ihn „umzulegen". Beide schießen auf ihn. Der eine trifft, der andere nicht. Es läßt sich aber nicht feststellen, wer getroffen hat.
> Mutter A und Tochter B töten den Familienvater C durch selbständige (d.h. voneinander unabhängige) Verletzungshandlungen (**BGH NJW 66, 1823**); oder
> A und B stiften unabhängig voneinander den Täter C an (**RGSt 14, 92; 55, 78, 80**).

Immer können beide Beteiligte nur wegen Versuch bestraft werden. Denn es gilt der Grundsatz: non liquet, in dubio pro reo, d.h. A bzw. B können nur für das bestraft werden, was ihnen tatsächlich nachgewiesen werden kann. Nachgewiesen aber werden kann nur der Versuch.

Im übrigen hat bei Nebentäterschaft jeder Nebentäter wie ein Alleintäter **nur für seinen eigenen Tatanteil** einzustehen (BGH NStZ 96, 227).

V. Teilnahme

V. Teilnahme
(§§ 26, 27)

Teilnahmeformen sind Anstiftung (§ 26) und Beihilfe (§ 27). Vom mittelbaren Täter bzw. **Mittäter** unterscheidet sich der **Anstifter** durch das **Fehlen eigener Tatherrschaft**, vom **Gehilfen** durch seine Mitverantwortlichkeit für den vom Haupttäter gefassten Tatentschluß (vgl. Wessels/Beulke 2005, 567).

Akzessorietät der Teilnahme

> Was versteht man unter Akzessorietät der Teilnahme? Man versteht darunter die Abhängigkeit von der Haupttat. Seit dem Jahre 1943 (VO v. 29.5.43 in RGBl I 341) gilt die sog. „limitierte" (= begrenzte) Akzessorietät; d.h. Voraussetzung für die Strafbarkeit der Teilnahme ist **nur noch die tatbestandsmäßige und rechtswidrig begangene Haupttat.**
>
> (Die früher geltende „strenge" Akzessorietät verlangte noch zusätzlich das „schuldhafte" Handeln.)

1. Anstiftung

doppelter Vorsatz

1. Anstiftung (§ 26)

Anstifter ist, wer

- **vorsätzlich** einen anderen zu dessen

- **vorsätzlich** begangener rechtswidriger Tat bestimmt hat: doppelter Vorsatz (dazu BGHSt 44, 99), der sich auf die Ausführung und Vollendung einer **in ihren Grundzügen konkretisierten Tat** und einen konkreten Täter bzw. Täterkreis beziehen muß (BGHSt 15, 276).

Mit **konkretisierter Tat** ist gemeint, dass der Anstifter eine umrisshafte Vorstellung vom Tatbild besitzen muß, von Objekt, Ort, Zeit oder sonstigen Umständen der Tatausführung. Das hat er nicht in dem folgenden

> *Beispiel*: Straflos bleibt die Anstiftung, wenn A den B ganz allgemein auffordert, „eine Bank oder Tankstelle zumachen" (**BGHSt 34, 63**)

Bestimmen i.S. des § 26 bedeutet das Hervorrufen des Tatentschlusses beim Täter: z.B. durch Überredung, Geschenke, Drohung, Mißbrauch einer Vorgesetztenposition usw. (vgl. dazu BGH GA 80, 183).

Einzelne Fälle:

a) noch unentschlossener Täter

a) Angestiftet werden kann auch, wer zwar **allgemein** zu bestimmten Straftaten (z.B. zum Überfall auf Banken) bereit, **aber noch nicht zur konkreten Tat entschlossen** ist (BGH NStZ 94, 29; BGH JR 99,248).

b) omni modus facturus

b) Der Anstifter muß den Täter vorsätzlich „bestimmen" etwas zu tun oder zu unterlassen. War der Täter bereits fest entschlossen, so ist dies nicht mehr möglich: **Fall des sog. omni modo facturus** (RGSt 37/172).
In diesem Fall kommt nur versuchte Anstiftung (§ 30 Abs. l) in Frage oder aber auch eine psychische Beihilfe (§ 27 Abs. 1), und zwar durch eine evtl. Bestärkung des Tatvorsatzes beim Täter (RGSt 72, 373).

c) Unterlassen

c) „Bloßes Unterlassen genügt nicht, da es keine psychische Einflußnahme darstellt" (Wessels/Beulke AT 2005, 568).

d) Hochstiftung

d) Von einer „Hochstiftung" spricht man, wenn ein zur Verwirklichung des Grunddelikts entschlossener Täter zur Begehung der Tat in qualifizierter Form bestimmt wird.

> *Beispiel*: A will eine Raubtat (§ 249) durchführen, B bestimmt ihn zur Mitnahme einer Waffe.
> Nach h.M. und **BGHSt 19, 339** haftet A in vollem Umfang als Anstifter (§ 26) zu § 250 Abs.1 Nr. 1a, Abs. 2 Nr. 1)

e) Lockspitzel („agent provocateur")

e) Da der Anstifter die Vollendung der Tat wollen muß, begeht keine Anstiftung, wer die Tat (wie der Lockspitzel) nur bis zum Versuch gedeihen lassen will (**BGH GA 75, 333**; zum Meinungsstreit vgl. Tröndle/Fischer Rn 8 ff zu § 26 und **BGHSt 32, 345; 45, 321**).

Mehrere Beteiligte

f) Exzeß

f) Verübt der Haupttäter B eine ganz **andere Tat** (aliud) als die, zu der ihn der Anstifter bestimmen wollte oder geht er darüber **hinaus**, haftet der Anstifter insoweit mangels Vorsatzes nicht.

> *Beispiel*: A stiftet B zu einer (einfachen) Körperverletzung an, B begeht dies ohne Wissen des A mit einem gefährlichen Werkzeug.
> A hat sich in diesem Fall nur als Anstifter zu § 223 (nicht zu § 224 Abs. 1 Nr. 2) strafbar gemacht (§ 223 Abs. 1, § 26). Vgl. dazu auch BGH NStZ 98, 511.

g) Error

g) **Error in Persona beim Täter.** Was ist bei „Objektverwechslung"?

> *Beispiel*: A bestimmt den B, den C zu erschießen; B verwechselt aber in der Dunkelheit den C mit dem D, erschießt also eine andere Person.

Die im Schrifttum h.M. erblickt in der Objektverwechslung durch den Haupttäter (B) eine aberratio des Anstifters A (vgl. S. 44) und bestraft diesen deshalb nur wegen versuchter Anstiftung (Wessels/Beulke 2005, 578). Anders der BGH (BGHSt 37, 214 und BGH NStZ 98, 294): Die unterlaufene Personenverwechslung sei nur eine unwesentliche (rechtlich bedeutungslose) Abweichung, wenn sie sich noch in den Grenzen des nach allgemeiner Lebenserfahrung **Voraussehbaren** halte.

Dazu auch:
BGH NStZ 91, 123: „Der Irrtum des Täters über die Person des Tatopfers ist für den Anstifter unbeachtlich, es sei denn, daß die Verwechslung des Opfers durch den Täter außerhalb der Grenzen des nach allgemeiner Lebenserfahrung Voraussehbaren liegt."

h) Kettenanstiftung

h) **Anstiftung zur Anstiftung** ist mittelbare Anstiftung zur Haupttat (sog. **Kettenanstiftung**, vgl. BGHSt 6, 359, 361). Vgl. die Zusammenstellung aller „Grundfälle der Kettenteilnahme" bei Schwind MDR 69,13.

i) erfolglose Anstiftung

i) **Erfolglose Anstiftung** liegt vor, wenn die Haupttat unterblieben ist. Strafbar ist sie nur, wenn versucht wurde, zu einem Verbrechen anzustiften (§ 30 Abs.1) bzw. wenn sich mehrere zu einem Verbrechen verabredet haben (§ 30 Abs. 2)

Dazu BGH NStZ 02, 311: „Nach § **30 I StGB** wird derjenige, der einen anderen zur Begehung eines Verbrechens zu bestimmen versucht, nach den Vorschriften über den Versuch des Verbrechens bestraft. **Straffrei bleibt er indessen,** wenn er freiwillig den Versuch aufgibt, den anderen zur Verbrechensbegehung zu bestimmen (§31 I Nr. 1StGB). Abzugrenzen von den Fällen des **unbeendeten** Versuchs, in denen strafbefreiender Rücktritt möglich ist, sind indessen die Fälle des fehlgeschlagenen Versuchs. In diesen ist entweder der Erfolgseintritt - für den Täter erkanntermaßen - objektiv nicht mehr möglich, oder der Täter hält ihn nicht mehr für möglich. Beim **fehlgeschlagenen Versuch** ist der Rücktritt nach der Rechtsprechung des BGH ausgeschlossen (vgl. nur **BGHSt 39, 228** mwN). Ein solcher Fall des fehlgeschlagenen Versuchs liegt allerdings dann nicht vor, wenn der Täter nach anfänglichem Misslingen des vorgestellten Tatablaufs - hier der Anstiftung - sogleich zu der Annahme gelangt, er könne ohne zeitliche Zäsur mit den bereits eingesetzten oder anderen bereitstehenden Mitteln die Tat (Anstiftung) doch noch vollenden (**BGH** aaO; s. auch **BGHSt 34, 53, 56**; vgl. auch BGH NStZ 06, 94)."

2. Beihilfe	## 2. Beihilfe (§ 27)
doppelter Vorsatz	Wie bei der Anstiftung muß auch für die Beihilfe ein **doppelter Vorsatz** bejaht werden können. Wegen Beihilfe wird bestraft, wer einen anderen (vgl. § 27)

- zu dessen **vorsätzlich** begangener, rechtswidriger Tat
- **vorsätzlich** Hilfe geleistet hat, wobei sein Vorstellungsbild den wesentlichen Unrechtsgehalt der Haupttat erfaßt hat (**BGH NStZ 97,273**).

Von der Allein- und Mittäterschaft unterscheidet sich die Beihilfe dadurch, daß der Gehilfe die Tat eines anderen unterstützt, über die zwar der „andere", aber **nicht der Gehilfe die Tatherrschaft besitzt** (Tröndle/Fischer 2003, Rn. 2 zu § 27). Dabei muß die Hilfe für die Tat **nicht ursächlich sein** (**BGH NStZ 85, 318**), sie muß aber, wenn auch ohne eigenes Tatinteresse, die den Tatbestand verwirklichende Handlung des Täters **erleichtert oder gefördert** haben (Tröndle/Fischer aaO. unter Hinweis auf neuere BGH-Rechtsprechung): durch **physische** oder **psychische** Unterstützung (vgl. dazu **BGH StV 95, 363**).

a) psychische Beihilfe	*a) Beispiel:* Physische Beihilfe kommt z.B. in Betracht, wenn dem Dieb das Einbruchswerkzeug zur Verfügung gestellt wird. Psychische Beihilfe kommt in Frage, wenn dem zur Tat Entschlossenen letzte Skrupel ausgeredet werden.

Mehrere Beteiligte

BGH NStZ 02, 139: „Die Hilfeleistung i.S. des § 27 I StGB kann auch in der Billigung der Tat bestehen, wenn sie gegenüber dem Täter zum Ausdruck gebracht und dieser dadurch in seinem Tatentschluß, oder in seiner Bereitschaft, ihn weiter zu verfolgen, **bestärkt wird** und der Gehilfe sich dessen bewusst ist (sog. **psychische Beihilfe**; vgl. **BGHR** StGB § 27 I Hilfeleisten 14 und 17; BGH NStZ 98, 622)."

b) Beihilfe durch neutrale Handlungen

b) Fraglich ist, ob auch alltägliche (neutrale) Verhaltensweisen eine Strafbarkeit wegen Beihilfe nach sich ziehen kann.

Beispiele: Verkauf einer Axt an einen gewalttätigen Ehemann. Lieferung eines Farbkopierers an einen potentiellen Geldfälscher. Einrichtung eines Kontos, das zur Geldwäsche benutzt wird.

Dazu **BGHSt** 46, 107, 112: „ Zielt das Handeln des Haupttäters ausschließlich darauf ab, eine strafbare Handlung zu begehen„ und **weiß dies der Hilfeleistende**, so ist sein Tatbeitrag als Beihilfehandlung zu werten, (weil) er **nicht mehr als sozialadäquat** anzusehen ist.

Weiß der Hilfeleistende hingegen nicht, wie der von ihm geleistete Beitrag vom Haupttäter verwendet wird, hält er es lediglich für möglich, dass sein Tun zur Begehung einer Straftat genutzt wird, so ist sein Handeln regelmäßig **noch nicht** als strafbare Beihilfehandlung zu beurteilen, es sei denn, das von ihm erkannte Risiko strafbaren Verhaltens des von ihm Unterstützten war **derart hoch**, dass er sich mit seiner Hilfeleistung die Förderung eines erkennbar tatgeneigten Täters angelegen sein lässt."

c) durch Unterlassen

c) Beihilfe ist auch durch Unterlassen möglich, falls der Gehilfe eine Garantenpflicht (vgl. oben S. 17) hat.

d) Anstiftung zur Beihilfe

d) Anstiftung zur Beihilfe und Beihilfe zur Anstiftung sind Beihilfe zur Haupttat (BGH NStZ 96, 562).

e) in dubio pro reo

e) Läßt sich nicht feststellen, ob ein Tatbeteiligter Täter, Anstifter oder Gehilfe ist, ist nach dem Grundsatz „in dubio pro reo" nur wegen der minder schweren Beteiligungsform zu verurteilen (**BGHSt** 31, 136): wegen Anstiftung statt wegen Mittäterschaft oder wegen Beihilfe anstelle von Anstiftung.

VI. Abgrenzung Mittäterschaft-Beihilfe

Abgrenzung zur Beihilfe (§ 27 StGB)

Die Abgrenzung der Mittäterschaft (§ 25 Abs. 2, vgl. oben III) zur Beihilfe erfolgt nach folgenden Grundsätzen:

1. Rechtslehre

1. In der **Rechtslehre** hat sich die **Lehre von der „Tatherrschaft"** durchgesetzt; Täter ist danach, wer als „Zentralgestalt" (Schlüsselfigur) des Geschehens die planvoll-leitende oder mitgestaltende Tatherrschaft besitzt, die Tatdurchführung also nach seinem Willen hemmen oder ablaufen lassen kann. Teilnehmer ist, wer ohne eigene Tatherrschaft als „Randfigur" des realen Geschehens entweder die Begehung der Tat veranlaßt oder aber auf andere Weise fördert (dazu Roxin AT Bd. 2 2003, 108 ff).

2. Rechtsprechung

2. Die **Rechtsprechung** hat sich im Laufe der Zeit (der Rechtslehre folgend) zugunsten einer entsprechenden Abgrenzung verändert.

a) Animusformel

a) Nach **BGHSt** 8, 73 „unterschied sich die Täterschaft von der Beteiligung nicht nach dem äußeren Tatbeitrag, sondern nur nach der Willensrichtung der Beteiligten" (Täterwillen = animus auctoris; Gehilfenwille = animus socii).

Nach **BGHSt** 8, 396 „ist die Wendung, Mittäter sei, wer die Tat „als eigene" wolle (jedoch) mißverständlich. Diese Willensrichtung ist keine einfache innere Tatsache. Was der Beteiligte wollte, ist vielmehr aufgrund aller Umstände, die von seiner Vorstellung umfaßt waren, vom Gericht wertend zu ermitteln. Dabei ist ein wesentlicher Anhaltspunkt, **wie weit er den Geschehensablauf mit beherrscht**, so daß Durchführung und Ausgang der Tat maßgeblich auch von seinem Willen abhängen".

b) subjektiv/objektiv

b) Die Rechtsprechung des BGH folgt heute in Anlehnung an die im **BGHSt** 8, 396 formulierten Grundsätze einer **„subjektiven Theorie auf objektiv-tatbestandlicher Grundlage"**. So heißt es z.B. in **BGHSt** 28, 348: „Ob der Angeklagte, der die objektiven Voraussetzungen der Mittäterschaft auf Grund seiner fördernden Tatbeiträge erfüllt hat, als Gehilfe oder als Mittäter anzusehen ist, hängt davon ab, ob er die Tat als eigene oder nicht als eigene wollte (**BGHSt** 8, 393, 396). Ob das eine oder andere zutrifft, ist auf Grund aller Umstände, welche von der Vorstellung des Angeklagten umfaßt waren, in wertender Betrachtung zu entscheiden. Für die Beurteilung fällt ins

Mehrere Beteiligte

Gewicht, daß der Angeklagte das Ob und das Wie des eigentlichen Geschehensablaufs nicht mitbeherrschte" (= Kriterium der Tatherrschaft),

| c) eig.Int/Umfang der T/Tatherrschaft | c) In NStZ 88, 406 faßt der BGH seine Rechtsprechung zur Abgrenzung dann wie folgt zusammen: „Mittäterschaft ist gegeben, wenn ein Tatbeteiligter mit seinem Beitrag **nicht nur bloß fremdes Tun** fördern will, sondern dieser Beitrag Teil einer gemeinschaftlichen Tätigkeit sein sollte. Dabei muß der Beteiligte seinen Beitrag als Teil der Tätigkeit des anderen und umgekehrt dessen Tun als Ergänzung seines eigenen Tatanteils wollen. Ob ein Beteiligter dieses enge Verhältnis zur Tat haben will, ist nach den gesamten Umständen, die von seiner Vorstellung umfaßt sind, in wertender Betrachtung zu beurteilen. **Wesentliche Anhaltspunkte** für diese Beurteilung sind zu sehen

– im Grad des eigenen Interesses am Erfolg der Tat,

– im Umfang der Tatbeteiligung und

– in der Tatherrschaft oder wenigstens im Willen zur Tatherrschaft,

so daß Durchführung und Ausgang der Tat maßgeblich von seinem Willen abhängen (vgl. auch **BGH** NStZ 06, 94)."

So auch **BGH** NStZ 05, 228: „Wesentliche Anhaltspunkte (für die Abgrenzung) können sein: Der Grad des eigenen Interesses am Erfolg, der Umfang der Tatbeteiligung und die Tatherrschaft, so dass die Durchführung und der Ausgang der Tat maßgeblich auch vom Willen der Beteiligten abhängen kann (st.Rspr., vgl. z.B. **BGH** NStZ 00, 482). Dabei deutet eine **ganz untergeordnete Tätigkeit** schon objektiv darauf hin, dass der Beteiligte nur Gehilfe ist (st.Rspr.)." |

VII. Sukzessive Beteiligungen an der Straftat

VII. Sukzessive Beteiligungen

Mit sukzessiven Beteiligungen sind solche Beteiligungen gemeint, die sich auf den **Zeitraum zwischen Vollendung und Beendigung** der Straftat beziehen.

So sind nach **BGHSt** 20, 194, 197 zwischen der Vollendung einer Straftat (Erfüllung alles gesetzlichen Tatbestandsmerkmale) und Beendigung (Festigung und Sicherung der Beute, dazu **BGH** NStZ 01, 88) noch **Mittäterschaft und Beihilfe möglich** (so schon **OLG Hamm** JZ 61, 94).

1. Mittäterschaft

1. *Beispiel*: Der A hat den B niedergeschlagen, um ihm die Brieftasche abzunehmen, was auch geschieht. C kommt hinzu und hilft ihm, den Bewußtlosen fortzuschleppen, Spuren zu beseitigen usw. Beide teilen sich den Inhalt der Brieftasche

Frage: Ist der C zu bestrafen wegen Diebstahls (§ 242) oder wegen Raubes in Mittäterschaft (§ 249, § 25 Abs. 2)?

Nach der **BGH**-Rechtsprechung kommt nur die Bestrafung wegen Raubes in Frage. Argument: Der C habe sich das bereits Geschehene zunutze gemacht, er müsse daher auch für die ganze Tat zur Verantwortung gezogen werden (dazu BGH 2, 344).
Sukzessive Mittäterschaft liegt also vor, , wenn jemand in Kenntnis und unter Billigung des von einem anderen begonnenen tatbestandsmäßigen Handelns in das tatbestandsmäßige Geschehen eingreift.

Wie ist es bei **Dauerdelikten**?
Bei ihnen (etwas Freiheitsberaubung, § 239 Abs. 1) ist der Tatbestand mit dem Einsperren des Opfers **vollendet, beendet** aber erst mit der Freilassung (**BGHSt** 20, 227, 228).

Beispiel: Wer dem Täter nach dem Einsperren des Opfers hilft (etwa das Opfer für den Täter bewacht) kann Mittäter oder Gehilfe sein (§ 239 Abs. 2 oder § 27 Abs. 1).

Wie ist es bei „iterativer" Handlungsstruktur?
Auch bei „**iterativer**" (sich wiederholender) Handlungsstruktur können Vollendung der Tat und ihre Beendigung auseinanderfallen.

Beispiel: A schlägt auf B ein. Die Körperverletzung (§ 223 Abs.1) ist mit dem ersten Zuschlagen vollendet, aber erst mit dem letzten beendet. Kommt Kumpel K hinzu und hilft dem Täter, den B zu verdreschen, kommt er als Mittäter oder Gehilfe in Frage.

2. Beihilfe

2. Auch eine **sukzessive Beihilfe** ist jedenfalls zwischen Vollendung und Beendigung der Haupttat möglich (BGHSt 14, 282; 19, 325).

J. Bedingung der Verfolgbarkeit: Der Strafantrag
(§ 77 ff StGB)

Wir unterscheiden: Offizialdelikte und Antragsdelikte. Offizialdelikte werden von Amts wegen **auch gegen den Willen** des Verletzten verfolgt, Antragsdelikte (= immer, wenn das Gesetz einen **Strafantrag** ausdrücklich verlangt) nur auf Antrag des Verletzten. **Der Antrag ist Prozeßvoraussetzung (BGHSt 6, 155, BGH NJW 54, 1413)**, d.h. stellt ihn der Berechtigte nicht, so ist das Verfahren einzustellen Es gibt **absolute** und **relative** Antragsdelikte- Die absoluten erfordern **stets** einen Antrag, die relativen nur dann, wenn **bestimmte nähere Beziehungen** z.B. verwandtschaftlicher Art zwischen Täter und Verletztem vorliegen (z.B. §§ 247, 263) Diese Beziehung muß jedoch **rechtlich wirksam** sein. So ist der Antrag z.B. nicht wirksam, wenn ein Verlöbnis nichtig ist (**BGHSt 3, 215**) oder die Ehe geschieden wurde. Wir kennen dann noch eine **dritte Gruppe** der Antragsdelikte, und zwar sind das solche, bei denen das **Antragserfordernis wegfällt**, wenn die Strafverfolgungsbehörde ein Einschreiten aus **besonderem öffentlichen Interesse** für geboten erachtet (Fall des § 232 Abs. l).

Übersicht 8: Antragsdelikt

Antragsdelikte sind

§ 123; § 182; § 189; § 194 (für §§ 185-193);§ 247; § 248 b; § 248 c; § 263; § 265 a ;§ 266; §288; §289; § 294 (für §§ 292 I und 293 I); § 299; § 303c (für die §§ 303 - 303b).

Antragsberechtigt sind

a) Grundsätzlich der Verletzte (§ 77 Abs. l). Bei mehreren Verletzten hat jeder ein selbständiges Antragsrecht (§ 77 Abs. IV)

b) Ist der Verletzte geschäftsunfähig oder hat er das achtzehnte Lebensjahr noch nicht vollendet, so ist **an seiner Stelle** sein gesetzlicher Vertreter antragsberechtigt (§ 77 III).

c) **Neben** dem Verletzten bzw. dem gesetzlichen Vertreter sind antragsberechtigt:

- der amtliche Vorgesetzte (§ 77 a).

- andere: vgl. § 77 Abs. III.

Die Antragsfrist beträgt

3 Monate (§ 77 b StGB).
Sie beginnt grundsätzlich mit dem Tage, an dem der Antragsberechtigte von Handlung und Person des Täters zuverlässige Kenntnis erhalten hat. Beispiel: Fristbeginn 30, März - Fristende mit Ablauf des 29, Juni

(Ausnahme: § 388 I StPO).

Innerhalb dieser Frist muß der Antrag bei einem Gericht oder der Staatsanwaltschaft schriftlich oder zu Protokoll, bei einer anderen Behörde schriftlich angebracht werden (§ 158 II StPO).

K. Rechtsfolgen der Tat

System der Zweispurigkeit der Rechtsfolgen

Der Begriff der „Strafe" ist für das heutige Recht zu eng. Die Strafe ist die regelmäßige Folge einer strafbaren (tatbestandsmäßigen, rechtswidrigen und schuldhaften) Handlung; sie ist jedoch seit der Novelle vom 24.11.1933 nicht mehr die einzig mögliche Rechtsfolge einer Straftat. Mit dieser Novelle wurde - als Ende einer langen Entwicklung und langer Bemühungen in der Rechtslehre, also nicht als nationalsozialistisches Gedankengut - das System der **Zweispurigkeit der Rechtsfolgen** der Tat eingeführt. Neben oder statt einer Strafe können seither auch Maßregeln der Besserung und Sicherung verhängt werden.

Strafe

Die STRAFE hat ihrem Sinn und Zweck nach das Ziel, die in der Straftat enthaltene Schuld des Täters zu sühnen; sie dient daneben nicht nur der Abschreckung, sondern im Strafvollzug vor allem der Resozialisierung des Täters (§ 2 StVollzG).

Maßregel

Die MASSREGELN der Besserung und Sicherung (§§ 61 ff) üben die von der Strafe, die sich im Rahmen gerechter Tatschuldsühne halten muß, nicht bewirkten Sicherungs- und Besserungsfunktionen aus, etwa den Schutz vor Schuldunfähigen (§ 20) oder „Gewohnheitsverbrechern" (z.B. Sicherungsverwahrung).

Bei den **Maßregeln unterscheidet das Gesetz** solche mit und solche ohne Freiheitsentzug (§§ 61 ff).

Das Gesetz unterscheidet bei den Strafen:

- **Hauptstrafen:** das sind solche, die selbständig als Folge einer Straftat ausgesprochen werden;

- **Nebenstrafen:** das sind solche, die nur neben einer Haupt-Strafe ausgesprochen werden können.

(Die Todesstrafe ist gemäß Art. 102 GG in der Bundesrepublik Deutschland abgeschafft.)

Hinzu kommen **Nebenfolgen**: Als solche bezeichnet man Rechtsfolgen der Straftat, die keinen spezifischen Strafcharakter haben.

Die einzelnen Strafen, Nebenstrafen und Nebenfolgen ergeben sich aus folgender Übersicht:

	Übersicht 9: Strafen		
	Hauptstrafen	Nebenstrafen	Nebenfolgen
an der Freiheit	**Freiheitsstrafe** (§38) lebenslänglich oder zeitig (1 Monat bis 15 Jahre)		
am Vermögen	**Geldstrafe** (§ 40 ff) Die Geldstrafe wird nach Tagessätzen bestimmt. Sie beträgt mindestens fünf und, wenn das Gesetz nichts anderes bestimmt, höchstens dreihundertundsechzig volle Tagessätze. Ein Tagessatz wird auf mindestens einen € und höchstens 5000 € festgesetzt.		
an der Ehre			**Verlust der Amtsfähigkeit, der Wählbarkeit und des Stimmrechts**, § 45 (früher: der bürgerlichen Ehrenrechte!), **Urteilsbekanntmachung** §§ 165,200
an anderen Rechtsgütern		Fahrverbot (§ 44)	

Literatur- und Abkürzungsverzeichnis

a.a.O.	am angegebenen Ort
AVO	Ausführungsverordnung
AT	Allgemeiner Teil
Baumann	Baumann, Jürgen/Weber, Ulrich, Strafrecht AT, 9. Aufl., 1985
BayObLG	Bayerisches Oberstes Landesgericht
BGHSt	Amtliche Sammlung des Bundesgerichtshofes in Strafsachen, zitiert nach Band und Seite
Blei	Blei, Hermann, Strafrecht I AT, 18. Aufl., 1983
Bockelmann	Bockelmann, Paul, Strafrecht AT, 3. Aufl., 1979
BVerfG	Bundesverfassungsgericht
DRiZ	Deutsche Richterzeitung (zitiert nach Jahr und Seite)
Ebert	Ebert, Udo, Strafrecht, Allgem. Teil, 3. Aufl. Heidelberg 2001
ErbGesG	Erbgesundheitsgesetz vom 14.7.1933 (RGBl 529)
Frank	Frank, Reinhard, Das Strafgesetzbuch ...,18. Aufl., 1931
GA	Goltdammers Archiv für Strafrecht (bis 1952 zitiert nach Band und Seite, ab 1953 nach Jahr und Seite)
Geilen	Geilen, Gerd, Strafrecht AT, 4. Aufl., 1979
HRR	Höchstrichterliche Rechtsprechung
JA	Juristische Arbeitsblätter
Jescheck/Weigand	Jescheck, Hans-Heinrich/Weigand, Th., Lehrbuch des Strafrechts, AT, 5. Aufl., 1996
Jura	Jura-Juristische Ausbildung
JuS	Juristische Schulung (zitiert nach Jahr und Seite)

JZ	Juristenzeitung (zitiert nach Jahr und Seite)
Kühl	Kühl, Kristian, Strafrecht, AT, 4. Aufl. München 2002
LK	Leipziger Kommentar zum Strafgesetzbuch, 11. Aufl., 1992 ft
LM	Lindenmaier-Möhring, Nachschlagewerk für Entscheidungen des Bundesgerichtshofes
Maurach-Zipf	Maurach-Zipf, Deutsches Strafrecht, Allgemeiner Teil, 8. Aufl., 1992 (Teilband 1)
MDR	Monatsschrift für deutsches Recht (zitiert nach Jahr und Seite)
mwN	mit weiteren Nachweisen
NJW	Neue Juristische Wochenschrift (zitiert nach Jahr und Seite)
NStZ	Neue Zeitschrift für Strafrecht (zitiert nach Jahr und Seite)
OLG	Oberlandesgericht
RGSt	Amtliche Sammlung der Entscheidungen des Beichsgerichts in Strafsachen (zitiert nach Band und Seite)
S/S-	Schönke-Schröder, Strafgesetzbuch, Kommentar, 26. Aufl., 2001
Schmidhäuser	Schmidhäuser, Eberhard, Strafrecht AT, 2. Aufl., 1984
SKStGB	Systematischer Kommentar zum Strafgesetzbuch
StV	Strafverteidiger (zitiert nach Jahr und Seite)
StVollzG	Strafvollzugsgesetz
Schwind/Franke/Winter	Schwind H-D/Franke, E./Winter, M., Übungen im Strafrecht für Anfänger, 5. Auflage 2000
Tröndle/Fischer	Tröndle, Herbert/Fischer, Thomas, Strafgesetzbuch, Kurzkommentar, 51. Aufl., 2003
VM	Verkehrsrechtliche Mitteilungen (zitiert nach Jahr und Seite)
Welzel	Welzel, Hans, Das Deutsche Strafrecht, 11. Aufl., 1969
Wessels/Beulke	Wessels, Johannes/Beulke, Werner, Strafrecht, Allgemeiner Teil, 35. Aufl., 2005

Stichwortverzeichnis

aberratio ictus	44
actio libera in causa	39
Adäquanztheorie	24
Äquivalenztheorie	24
Affekte, asthenische	47
Akzessorietät der Teilnahme	
- limitierte (= begrenzte)	89
Animusformel	94
Anstiftung	89
Anstiftung zur Anstiftung	
(= Kettenanstiftung)	93
Antragsdelikte	97, 99
Asperationsprinzip	80
Begehungsdelikte	8, 21
- vollendet vorsätzliche	8
- versuchte vorsätzliche	11
- fahrlässige	12
Beihilfe	92
berechtigtes Interesse	30
Brett des Kaneades	51
Brückentheorie	79
Dauerdelikte	22, 79, 96
Dienstbefehl, bindender	34
dolus generalis	41, 45
eigenhändige Delikte	21, 86
Einwilligung	
- des Verletzten	30
- erklärte	36
- mutmaßliche	36
- nachträgliche	38
Entschuldigungsgrund	51
Erfolgsdelikte	21
erfolgsqualifizierte Delikte	88
Erlaubnisirrtum	55
Erlaubnistatbestandsirrtum	55
error in objecto	44, 46, 91
Exzeß des Haupttäters	91
Exzeß des Mittäters	80
Fahrlässigkeit	40, 47, 48
- bewußte	48
- unbewußte	48
Fahrverbot	100
Festnahmerecht	33
Garantenstellung,	17, 22
Gefährdungsdelikte	21
Geldstrafe	100
Gesetzeskonkurrenz	80
Gleichwertigkeitsklausel	20
Handlung	16
Handlung, fortgesetzte	75
Handlung im natürlichen Sinne	74
Handlungseinheit	
- natürliche	73
- rechtliche	75
Hauptstrafen	99
Hochstiftung	90
Idealkonkurrenz	
- ungleichartige	78
- gleichartige	78
Ingerenz	18
Irrtum	52
- Erlaubnisirrtum	52, 55, 58
- Erlaubnistatbestandsirrtum	52, 55-58
- Tatbestandsirrtum	52
- Verbotsirrtum	54
iterative Handlungsstruktur	96
kausale Handlungslehre	7, 8
Kausalität	43
Kettenanstiftung	91
Klammerwirkung	78
Konkurrenzen	77
Konsumtion	81
Leichtfertigkeit	48
Lockspitzel	90
Maßregeln	99
mitbestrafte Vortat	82
Mittäterschaft	87
- Abgrenzung zur Beihilfe	94
- bei eigenhändigen Delikten	87

- bei erfolgsqualifizierten Delikten	88
- durch Unterlassen	87
- exzedierende	88
- Mord und Totschlag	87
- sukzessive	95
Nacheile	33
Nebenfolgen	99
Nebenstrafen	99
Nebentäterschaft	88
Notstand	
-aggressiver	31
-defensiver	30
-entschuldigender	51
-rechtfertigender	29
Notwehr	25
Notwehrexzeß	50
Notwehrprovokation	28
objektive Bedingungen der Strafbarkeit	24, 47
Offizialdelikte	97
omni modo facturus	90
Polizei	33, 34, 70
Putativnotwehr	55
Realkonkurrenz	80
rechtfertigender Notstand	29
Rechtfertigungsgründe	16
Rechtsauskunft	54
Rechtsfolgen der Tat	99
Rechtswidrigkeit	25
Reflexbewegungen	16
Reue, tätige	69
Rücktritt vom Versuch	66
Sacheingriff	31
Sachwehr	30
Schuld	38
Schuldausschließungsgründe	72
Schuldfähigkeit	38
Schuldtheorie	56
Selbsthilfe, erlaubte	32
Sicherheitsverwahrung	99
Sonderdelikte	21
Spezialität	81
Strafantrag	97

Strafaufhebungsgründe, persönliche	72
Strafausschließungsgründe, persönliche	72
Strafen	101
straflose Nachtat	82
Straftaten, Formen der	21
Subsidiaritat	81
sukzessive Beteiligung	95, 96
Tagessatz	100
Tatbestandsirrtum	42
- umgekehrter	42
Tatbestandsmäßigkeit	23
Tatbestandsmerkmale	23
- äußere (objektive)	23
- deskriptive	23
- innere (subjektive)	23
- normative	23
Täterschaft	84
- mittelbare	XX
- und Teilnahme	XX
Tatherrschaft	94
Tätigkeitsdelikte	21
Teilidentität	78
Teilnahme	84, 89
Tun, aktives	16
Unterlassen	17, 90, 93
Unterlassungsdelikte	21
- Rücktritt	70
- vorsätzliche echte	14
- vorsätzliche unechte	13
Unrechtsbewußtsein	49
Urteilsbekanntmachung	100
Verbotsirrtum	49, 53
- umgekehrter	52
- unvermeidbar	52
- vermeidbar	52
Verletzungsdelikte	51
Verstoß gegen die guten Sitten	30
Versuch	
- Abgrenzung zur Vorbereitungshandlung	61
- bei Mittäterschaft	65
- bei mittelbarer Täterschaft	65
- fehlgeschlagener	92

- Strafbarkeit	60
- tauglicher	64
- untauglicher	64
Vorsatz	40
- Abgrenzung zur Fahrlässigkeit	47
- dolus directus (direkter Vorsatz)	23
- dolus eventualis (bedingter Vorsatz)	48
Vorsatztheorie	56
Vortat, mitbestrafte	82
Vorverlegungsdoktrin	39

Waffe	27, 63
Wahnverbrechen	52, 59, 65
Warnschuss	34
Werkzeug	84
Züchtigungsrecht	35
Zumutbarkeit	50
Zustandsdelikte	22
Zweispurigkeit	99

Für handschriftliche Notizen

Für handschriftliche Notizen

Für handschriftliche Notizen

Reihe *leicht gemacht*®

BGB – *leicht gemacht*

Kleiner BGB-Schein für Juristen, Betriebs- und Volkswirte

von Notar Dr. Heinz Nawratil

29. neu bearbeitete Auflage

Eines der erfolgreichsten Bücher zur Einführung in das Bürgerliche Recht, mit dem Generationen Studierender den Einstieg in das Fach gefunden haben. Frisch und witzig, mitreißend und anregend geschrieben. Erscheint bereits in 29. Auflage mit mehr als 100.000 verkauften Exemplaren!

16,5 x 11,5 cm
kart., 150 Seiten
2006

ISBN
3-87440-210-X

9,95 €

Grundgesetz – *leicht gemacht*

Das Staats- und Verfassungsrecht der Bundesrepublik Deutschland. Eine Darstellung für Studierende der Rechts-, Wirtschafts-, Politik-, Geistes- und Sozialwissenschaften sowie für Studierende an den Berufsakademien.

von Robin Melchior   Richter am Amtsgericht

Dieses neue Werk führt in der bewährten fallorientierten Weise in die wichtigsten Probleme des Verfassungsrechts ein. Behandelt werden u.a. die Organe des Staates, wie Bundestag, Bundesrat und Bundesregierung. Aber auch die Grundrechte, wie etwa Menschenwürde, Glaubens-, Meinungs- und Pressefreiheit sowie die Versammlungs- und Vereinigungsfreiheit, werden aufgezeigt. Außerdem wird die gerichtliche Kontrolle des staatlichen Handelns durch das Verfassungsgericht dargelegt.

16,5 x 11,5 cm
kart.,153 Seiten
2006

ISBN
3-87440-211-8

9,95 €

Internet: www.kleist-verlag.de · E-Mail: hassenpflug@kleist-verlag.de

Strafrecht – *leicht gemacht*

Kleiner Strafrechtsschein
Eine Einführung zum Allgemeinen und Besonderen Teil des Strafgesetzbuches mit praktischen Fällen und Hinweisen für Klausuraufbau und Studium

von Professor Hans-Dieter Schwind
      Notar Dr. Heinz Nawratil
      Dipl.-Psychologe Georg Nawratil

13. überarbeitete Auflage

Das Strafrecht ist die Materie, für die sich besonders viele „Einsteiger" zunächst am meisten interessieren. Das, was aus Krimis spannend erscheint, wird hier systematisch untersucht und vermittelt. Auch hier wird der Stoff mit anschaulichen Beispielen und Hinweisen lebendig nahegebracht.

16,5 x 11,5 cm
kart., 158 Seiten
2007

ISBN
3-87440-216-9
9,95 €

Definitionenkalender und Rechtsprechungsübersichten: StGB BT

Eine Sammlung von Definitionen der Tatbestandsmerkmale der §§ 111 bis 357 des Strafgesetzbuches (StGB).

von Prof. Hans-Dieter Schwind
      Dr. Dr. h.c. Helwig Hassenpflug
      Eckard Heintz und Hans Kaden

23., neu bearbeitete Auflage

Dieser Band enthält eine Zusammenstellung der Definitionen zu den Tatbestandsmerkmalen der einzelnen Vorschriften des Besonderen Teils des StGB, wie sie in den verschiedenen Werken, die zitiert werden, wiedergegeben sind.

10 x 14,5 cm
kart., 163 Seiten
2002

ISBN
3-87440-198-7
7,50 €

Internet: www.kleist-verlag.de · E-Mail: hassenpflug@kleist-verlag.de